教育の本質を求めて

山邊　光宏　著

Mitsuhiro Yamabe

Das Wesen der Erziehung

東　信　堂

まえがき

本書は「教育の本質」「教育の根本問題」「教育の根底にあるもの」などを探究する。しかも、終始一貫して、「人間とは何か。人間は人間としていかに生きるべきか」という問題について述べている。また、常にこれとの不可分の関連において、「教育とは何か。人間は人間としていかに教育されるべきか」という中心テーマをめぐって論が展開されている。

これを教育者との関連で述べるならば、「人間は人間によってのみ教育されうる」し、「人格は人格によってのみ形成されうる」ということである。そうだとすれば、教育は教育者にかかっており、「教育は教育者である」とは、時空を越えた真理であろう。人間教師への道を探し求めなくてはならない。

右のような考え方が、現代の教育と教育学には欠けているのではなかろうか。なるほど教育とその研究とにおける科学化や実証主義、あるいは現実主義や実際主義も必要ではあるが、逆にそれらに見合った理想主義や哲学的人間学、あるいはこれらに基づいた教育哲学・思想も不可欠であると言えよう。哲学離れの時代だからこそ、哲学することの重要性を実感せずにはおれない。「教育を哲学する」とは、「人間としての生き方」と密接不可分の形で、教育をその「本質」に照らして探究することにほかならない。

幾歳月、そうした問題意識を持ち続けながら、筆者はドイツが生んだ偉大な教育哲学者であるシュプランガーの研究を行ってきた。シュプランガーから多くを学び取り、彼の教育思想を筆者なりにかなり主体的に再構成し、かつ日本の現実に適したように、いわばジャパナイズもしてきた。併せて、その他の偉大な教育思想家たちの著作からも多くを学び取った。こうした成果の一端を、このたび本書に具体化できて嬉しい限りである。

出版に際しては、東信堂の下田勝司社長を始め、社をあげて格別の御高配をいただいた。まことに感謝に堪えない思いで、厚くお礼申し上げる次第である。

なお、本書に所収の論文は、大筋において筆者がこれまでに発表したものであり、以下のとおりである。

第一章　現代における道徳の崩壊と創造――山邊光宏著『人間形成の基礎理論』(東信堂、一九九四年)所収の「現代における道徳の崩壊と創造」をほぼ再録。

第二章　現代教育と名誉の問題――山邊光宏著『人間形成の基礎理論』(東信堂、一九九四年)所収の「人間形成と名誉の問題」をほぼ再録。

第三章　豊かな人間性を育む教育――林忠幸編著『新世紀・道徳教育の創造』(東信堂、二〇〇二年)所収の「豊かな人間性を育む道徳教育」に基づきながらも、かなり加筆した。

第四章　畏敬の念への教育――中国四国教育学会『教育学研究紀要』第四〇巻　第一部(一九九四年)所収の「シュプランガー教育学における畏敬の概念」に基づきながら、多少の加除を施した。

第五章　親と教師――新堀通也・小笠原道雄編著『教育学』(福村出版、一九八〇年)所収の「親と教師」に基づきながらも、かなりの加除を施した。

第六章　老いと死の人間形成論的考察――『日本生涯教育学会論集』第二三号（二〇〇二年）所収の「老いと死の人間形成論的考察」に基づきながらも、大幅に手を入れ加筆したものである。

最後に、巻末の「参考資料」であるが、それは一見、本書の内容にそぐわないように思われるかもしれない。しかし、もし本書が、まったく一般的な「教育学」「教育原理」「教育学概論」などの授業科目のテキストとして使用される場合には、その資料を、本文のやや限定された内容を補完するために活用していただきたいと思う。

平成一六年一二月一一日

山邊光宏

目次／教育の本質を求めて

参考資料 119

教育の本質を求めて

第一章　現代における道徳の崩壊と創造

第一節　現代における道徳の崩壊

1　伝統的道徳

昔がなければ、今はない。すべてが目まぐるしく移り変わる時代ではあるが、今日は昨日と無縁ではない。伝統的道徳と過去の道徳的遺産とについての正しい認識は、道徳の現状と課題を正しく把握し、さらに現代の道徳の再建と創造とを目指すためにも不可欠である。

そうした問題意識のもとに、まず古き伝統的な道徳の姿を、かつてのヨーロッパの場合について概観してみたい。一六〇〇年頃のヨーロッパでは、まだ、基準となる世界観は、超越的・キリスト教的に基礎づけられていた。したがって、そこでは、道徳は神の意志から生ずると考えられていたのである。また、当時は、社会秩序は階級的に構成されており、階級的に差別のある道徳は、神の意志として一般的に何ら疑いをはさまれることもなく、各集団や階級に対して厳格な道徳的命令や要求が認められていた。そうして、農業中心の経済形式が当時まだ優位を占めており、大都市はまだ存在せず、大衆が密集して居住することはなかった。このような生活秩序のもとでは、そこに属する道徳観も、生活様式も、すべて不動のものであったと言ってよい。そうした場合、シュプランガー（Spranger, E., 1882 ~ 1963）も指摘するように「家族」と「名誉意識」と「伝統の力」が、道徳を支える力となっていたのである。

このような生活秩序に基づいていた時代にあっては、「家族」がまだ共同生活の細胞になっていた。家庭は確固として強いものであり、したがって道徳の特に重要な問題である性の関係も、かなり秩序正しいものであった。家庭は、祭式共同体としての性格を持ち、さらに、いっそう大きな血の結びつきである血族や親族への所属意識が、働き続けていた。姻戚関係は、個人にとって権威の源であり、避難所であり、また相互の密接な結びつきを意味していた。現代の原子論的な個人主義は、まだ発生していなかったのである。

次に、当時の市民は、それぞれ有用な自己の生業を営んでおり、多様に組織された手工業をはじめ農業、商業などのあらゆる部門は、それぞれ固有な同業者の「名誉意識」を発展させていた。誠実な農夫、篤実な手工業者や商人は、自分の仕事に名誉を感じ、信用と責任に生き、自分の果たすべき義務を意識していたと言える。あらゆる階級の名誉意識の背後には、独自な特徴を有する道徳が存在していたのである。

さらに、当時は近隣の人たちの小さくて近い関係によって、「伝統の力」が保護されていたことに言及しなくてはならぬ。道徳的な問題においては規制が必要とされるのであるが、この規制は、しばしば近隣でなされる「うわさ」から生ずるのである。このうわさは、ややもすれば粗雑な心理に根ざすものであり、非常に無責任なものともなりうる。これによって自己規制を行うのは、いわゆる「恥の文化」による規制にすぎず、真の厳密な意味での道徳的態度とは言えないにせよ、これが社会一般の道徳的水準を維持させる大きな力になっていたことは否定できない。しかし、こうした道徳を支える力は、人びとが互いに長く知り合い、互いに気にかけ合うという近隣関係が存在する限りにおいてのみ、作用しうるのである。農業中心の経済組織が存続し、人びとが郷土に定住していた時代には、こうした伝統の力が、道徳を支える大きな力となっていたのである。

しかし、右に見た超越的世界観はいわゆる啓蒙主義によって、封建的な社会秩序はフランス革命によって、また農業を基本産業とする経済秩序は産業革命によって、いずれも崩壊した。その結果、伝統的道徳は、善かれ悪しかれ、それを支える力と共にあるいは弱まり、あるいは崩壊し、そのためもはや社会秩序を規制するものたりえなくなったのである。

2　伝統的道徳の崩壊

大工業化と大都市化の時代に生きる人間の精神的全体構造は、大きく変化した。シュプランガーによれば、「現代人は、個人主義者になってしまった。しかし、個性、すなわち人格的特性は、失われてしまった」のである。ここで個人主義とは、血、歴史、心情などによって結びついている団体に所属しているという意識が弱くなってしまった状態であると理解されるのであるが、個々人は、自分がまったく「他に頼らない存在」であると感じている。しかしながら、この他に頼らないで高度な独立性を享受しているかに見える個々人は、磨き抜かれた内界を自分の内に持っていないのである。

次に、職業生活については、どうであろうか。人間の仕事は、部品化・機械化・規格化され、個人の持つ独自な力、独創性を必要としない。だから、自分の労働に精神を打ち込むことができなくなり、そこには職業の喜びもない。職業倫理も変化し、かつて存在していた職人の名誉意識や同業者の名誉心は、失われてしまった。何ぴともパンのみにて生きるべきではないが、今日さまざまな外的・物質的要求が、内的・精神的要求を窒息させようとしている。金が、精神を、すなわち、いにしえの敬虔な愛の精神を窒息させそうになっている。

われわれ相互の交際も、もはや愛ではなく金でなされている。そして、いわば交通機関のように機械化されている。大都会では、親戚はもはや何の意味もない。大都会の匿名のなかに姿を消すことさえきわめて容易になった今日では、自分を周囲の人びとの判断に方向づけ、この意味において「自分の体面を重んずる」限りにおいてのみ、規矩の力として有効となる名誉の意識は、伝統の力と共に、すでにほとんど消えうせてしまったと言えよう。

日常生活についても、いったい誰が、今なお、自分に固有な生活様式を得ようと努力しているだろうか。また、男性と女性とにおける各々の特色と個性も、薄れるばかりである。ちょうど「子どもには子どもの世界がある」ように、「男性には男性の世界があり、女性には女性の世界がある」べきではなかろうか。各々の固有世界と固有性が、求められるのではなかろうか。あるいはまた、髪型、服装、所持品、娯楽の様式などを見ても明らかなように、一般に今日あまりにも流行の奴隷になりすぎている人たちが氾濫している。ほとんど誰もが、浮草のように軽々しく無批判的に大衆の様式に染まり、流され、なびいている。

以上は要するに、現代人が、シュプランガーのいわゆる「群衆的人間」（Massenmensch）になってしまった、ということにほかならない。彼によれば、「群衆的人間とは、至る所で生活させられてはいるが、しかしもはやみずからの生活を営まない、固定化した人間類型である」。そうして、このような群衆的人間である現代人は、文化的影響、すなわちさまざまな意見、享楽、他人の影響などの単なる通過点となってしまった。現代人は、もはや彼があるべきものではなくなった。すなわち、倫理的決断、責任、精神的内面的力一般の中心点ではなくなったのである。

シュプランガーは、言っている。すなわち、「現代の文化人、少なくとも都市居住者は、もはや内面的生活を発展させることができない。分化した文化によって課せられる専門化した、しばしば驚くべき知的な仕事が、不断に彼を外方へ連れて行く。彼がなすべきことは、いつも外から命令される。その営みは、大きなオートメーションである。個々人は、それを他の道へ転ずるために、何をなしえようか。そのさらに悪い結果は、このように縛り付けられた人間が、もはや内面的生活を営もうと意欲すらしないことである」と。彼は自己の精神的空虚、心の空白を埋めるために、いたずらに流行を追い求めたり、テレビ、ゲーム、ビデオ、低級な読み物、賭事などに熱中したりする。そういう手段で、彼はたえず自己逃避し、おのれを偽っているのだ。

この種の人間にあっては、外的・政治的な面については、民主主義的制度によっていちおう自由と自主独立性とを保証されているにせよ、内的自由、生形成の自由は、上昇したというよりもむしろ衰微した。あまりにも規格化された仕事を強いる産業や技術が、群衆社会を生み出したとも言えよう。このような社会では、万人ことごとく同じ調子で、合理的な目的思考をし、計算ずくで事を処し、幸福の諸要求をするといったように、人間はますます一様化し画一化していくであろう。

右の諸状況に拍車をかけたものに、というよりもむしろそれらの結果として生じたものに、「家庭の構造変化」がある。家庭生活の広範な内容の変革は、まず経済的な面から始まったと言えよう。労働の細分化やその家庭外への移動は、かつては家族共同体に固有なものであった「全体性」を、とっくに解体させてしまった。かつて家庭は、生産、消費、娯楽、道徳および教育などのさまざまな機能を総合的・全体的に果たすことができる文字どおりの共同体として、子どもたちを庇護し、日々の共同生活のなかで子どもたちの人格陶冶をおのずと行ったという意味において、全体性を濃厚に保持していたのである。それゆえに、まさしく「生活が陶冶していた」のである。

しかし、機械制大工業の発達を基盤とする近代的職業社会への移行に伴い、家庭の教育的機能は急激に弱まってきた。そうして、子どもの保護や教育の重要な面も、家庭外の機関である施設や学校に引き渡されてすでに久しい。しかも、その傾向は、今日強まるばかりである。

ところで、家庭の全体的性格の解体とは、とりもなおさず、家庭の「生産共同体」から「消費共同体」への変化を意味するのではなかろうか。今日われわれは、もっぱら家庭の外でパンを得なくてはならなくなったし、また同時に、もっぱら家庭の外でパンを買いもしなくてはならなくなったのである。だから、家庭は、もはやかつてのように生産の場ではなくなり、ただ消費生活や娯楽生活の場にすぎなくなってしまったのである。

労働の場と生活の場との分離は、両親、わけても父親の影を薄くさせた。一家の長であり、家業や子どもの躾と教育とにおいて中心的な役割を果たしていた父親は、家庭から職場に奪い取られてしまった。力強く逞しく勤勉に汗水流して働く父親の姿を、今日、子どもは見ることができない。ただ消費や娯楽にだけ関わっている、だらけた、頼りない父親を見るだけである。そこからは、親に対する尊敬や信頼の気持も、また感謝の念も、育まれない。従順の心も、生じにくい。それゆえに、父親の権威も、はなはだしく失墜してしまったのである。

母親のほうは、多くの場合、家事と職業人としての役割との二重の労苦にあえぎ、母子の親密な接触、母の子に対する心こまやかな気くばりや配慮が欠けがちになる。それに伴って、子が親を慕い、すなおに内面から服従する純な気持も薄れてきていると言えよう。したがって、親の考えや思いが、子に伝わりにくいであろう。こうして、母親たちもまた、わが子の躾や教育について自信や信念を失ってしまった。

以上で明らかなように、家庭の教育的機能は、まったく低下してしまった。今日しきりに、家庭の維持と復興が叫ばれる所以である。

第二節　新しい道徳の創造

1　合理的合目的性

伝統的道徳が、いろいろな原因によって方向を見失い、混迷し、崩壊している今日、これにどう対処すべきだろうか。科学技術のますますの発達とそれに伴う大工業化と大都市化とのなかで、また進むばかりの高度な文明化と近代化の渦中で、新しい道徳の創造は、いかにしてなされうるのであろうか。

これに対してシュプランガーは、現代人が伝統的な道徳にかわって、合理的・合目的的な制度や機構による異なった種類の生活様式をつくり上げてきたことに注目する。ここで、「合理的合目的性」とは、伝統的なものから近代的・合理的なものへの変化を意味している。かつては宗教的・文化的形式のなかに深く入り込み、そして象徴的な慣習におおわれていた伝統的な集団の行動様式は、今日、合理的な制度や機構に置き換えられている。

たとえば、貧民の救済、孤児の養育、病人の保護、身寄りのない老人の扶養などは、「隣人愛」なくしては考えられなかった。しかし今日では、それらは、隣人愛がなくても、国家や社会によって法的・制度的・組織的に重要な問題として考えられるようになっている。またかつては、慈善的行為は、敬虔な心情や「善意」や道徳的義務に委ねられていた。西洋では、祝祭の際に、貧民の食事を忘れてはいけなかった。『新約聖書』に書かれているような救世主の行いは、道徳観の模範になっていた。敬虔な献金や寄付は、キリスト教徒の義務と見なされていた。さらに、突然の不幸や不慮の災難の際には、近隣の人たちの特別な援助的行為を必要とした。しかし、一九世紀になって合理的な保険制度ができ、このような制度によって、火災、傷害、労働能力の喪失、老年、一家の稼ぎ手の早死などによる生活難は、しだいに緩和されていった。まさかの時のために日頃から払い込みさえしておけば、そうした制度的保証に守られて、安心して生活することができるようになったのである。

右の事実から見ると、個々の道徳的生活のための努力は、もはや今日、必要でないように思われるかもしれない。個々人の道徳的行為によってなされていたものは、合理的・合目的的な制度と機構とによって、個々人の心を煩わせることなく達成されており、それによって現代の社会がかつてよりもはるかに道徳的になったことは、疑いえないからである。しかし本当に、伝統的・集団的道徳は、もはや不要なのであろうか。

ここで、「世界観と価値実現のために行われる集団間の争い」に言及しておかなくてはならない。なぜならば、これは、前述の合理的合目的性と密接に関連するからである。ブラメルド（Brameld, T., 1904 ~ 1987）によれば、「実に、人類の歴史の全体は、大衆の平凡な幸福を拒否しようとする縮小勢力と、大衆の幸福の機会を増大しようとする拡大勢力との間の闘争として解釈されうる」のである。一般民衆が自然的、社会的機会のなかでより大きい利益を獲得せんがために成し遂げたどのような成功も、できうる限り彼らからこのような機会を奪おうとした支配者や権力者に対して、正面きって自分たち自身の勢力を行使した結果、実現したものである。このような闘いを通して、民衆はしだいに彼らの権利を拡大していったのである。

こうした権利は、「自由」「平等」「人権」などの名で呼ばれた。そうしてこれらは、しだいに法的・制度的にも確立され、保証されていった。幸福に関するこのような諸特質がしだいに具体化されていった体制や歴史的事情は、きわめて多様であった。にもかかわらず、自由・平等・基本的人権などの主張者が、反対意見の主張者との闘いに目覚めてますます奮い立つにつれ、これらの理想は不朽のものとなっていった。新世界の光り輝く陽光のもとに、彼らが人類史上いかなる時代にもまさる力を獲得するに至ったのは、決して偶然ではない。

ここで注意すべきことは、シュプランガーも力説しているように「民衆を闘争へ駆り立てた動因は経済的なものではなく、道徳的なものであった」ということである。たとえ現代において、結果としては法的・制度的・組織的なものとして確立しているにせよ、もともと宗教的・倫理的なものに根を持っていたのである。このことは、右の自由・平等・人権を求めての闘いについては、容易に理解できるであろう。しかし、ブルジョアジーとプロレタリアとの間に起こった経済闘争についても、事情は同じである。所得分配の道徳的調節は、雇い主と従業員とが激しく敵対していた時代の最大の問題であった。より高い業績にはより大きな分け前が保証されるというように、経済的な富や賃金が分配されるべきであるか、それとも人間はみな平等であるし、また平等に生活しなくてはならないので、それらはむしろ均等に分配されるべきであろうか。この問題をめぐるブルジョアジーとプロレタリアとの長い間の闘いは、単に物質的貪欲だけからなされたのではない。両者は、それぞれの道徳的立場をも代表していた。そしてこの問題は、それが法的・政治的問題となる前には、道徳的問題なのであった。ただ単に経済的利益のみを目的とし、倫理的基盤の欠如した闘争は、信用できないものであり、かつ道徳的発展に結びつかないであろう。

それでは、倫理的なものに根ざした闘いが、新しい道徳の創造にいかに寄与したであろうか。たとえば、今日、大資本の独占的所有も以前に比べるとかなり少なくなり、利潤分配の道徳的規制が行われている。利益を一手に搾取するという反道徳的態度は、それを行った者を打ち返しもするということを、経営者は知っている。雇い主も従業員も、相互の利益と幸福が、結局、自己の利益と幸福にもつながるということを知ってきた。またそれは、法的・制度的にも保証されている。こうして、プロレタリアの独裁も資本家の側における搾取の意志もない、自由な新しい社会が生成されつつある。こうして、両者の立場の対立が克服された新しい次元の道徳が生み出されてきたのであり、一般に今日の社会がかつてよりはるかに道徳的になったことは疑いえない事実である。

右によって明らかなように、歴史上繰り返された集団間の争いが、新しい道徳を創造する力として作用し、その発展に寄与したことにはもはや疑問の余地がない。そうして、この集団間の闘争と前述のあの「合理的合目的性」とは、きわめて密接不可分の関係にある。なぜならば、合理的・合目的的な制度や機構は、この集団間の闘争によってもたらされ、実現された場合が多いからである。

以上の考察から、ともかく、道徳的生活が以前よりはるかに進歩したことは、明らかである。誠実・契約の忠誠・困った場合の隣人の助けなどは、今日、かつて以上に承認され実行されているし、自由、平等、人権なども、少なくともかつて以上に法と制度とによって保証されているので、人びとはより安心して幸福に生活できるのである。しかしながら、われわれは、このような合理的・合目的的な現代の道徳的生活にのみ全面的によりかかっていてよいものだろうか。

2　社会的功利主義の立場

すでに見たように、現代では、他人の利益に対して考慮することなくしては、誰も自分自身の利益を得ることができないという確信が支配している。そうして、事実、一般的な「福祉」を広い範囲にわたって保証していると思われる、利益等分の組織が生じているのである。よく機能する相互の組織によって（保証の方式によって）、万人の幸福の要求が満たされているのである。このような立場は、幸福主義的・功利主義的見解、ないし「社会的功利主義」と呼ばれている。この見解においては、「有用なものは正しい」という原理が支配している。

しかし問題は、ソクラテスやプラトンが鋭く問いかけているように、人間あるいは社会にとって、いったい何が「真に有用」であるかということである。社会的功利主義の考え方によると、倫理的なものは、社会的変化の流砂の上に築かれるということになる。それゆえに、倫理的なものは、愛と並んで、あらゆる社会的義務の本質的根源として認められるのではなく、共同生活の単なる結果と考えられてしまうのである。そういうことで、より高い価値への志向がなされうるであろうか。

ここで注意すべきことは、この社会的功利主義と前述の合理的・合目的的道徳とが、きわめて密接な関係にあるということである。いやそれ以上に、「合理的・合目的的道徳＝社会的功利主義的道徳」となりかねない。もちろん、合理的合目的性に基づいた近代の道徳には、それが功利主義に直結するとしても、それなりの善さと長所があり、かつ新時代にふさわしい道徳として是認されるべき理由と根拠もあることは確かである。

しかし、単にそれだけで、はたしてより善き生の実現が可能であろうか。もしも生の目的が、衣食住の保証によるだけの単なる生命の維持と増進のみでなく、共同生活のより高い価値水準の実現であり、またより高い個人的倫理の形成であるとすれば、さらに別の要素、しかもより重要な要素が付加されなくてはならない。それでは、付加されるべき別の、より重要な要素とは何か。

3　道徳とは合目的的組織以上のもの

シュプランガーによれば、「道徳とは、合目的的組織以上のものであり、現世の道に対する交通整理以上のものである」。つまり、道徳は、単に地上的・俗世的なものではないというのである。そうして引用文の「組織」とは、法、制度、機構などを意味する。すでに見たように、このような組織は、近代的・合理的合目的性の結果ないし産物である。確かに、これは新しい道徳の不可欠な構成要素である。しかし、いわゆる「有用なもの」のみが重視され、単なる制度としての制度の独走、もしくは一面的肥大に陥るならば、それは宙に浮いたものになる。このことを、「制度の自動機械的空転」と呼ぶことができるであろう。倫理的要因を失ってしまった制度、あるいは個々人の倫理性と結びついていない機構は、まだきわめて不十分であろう。

この意味において、ペスタロッチー（Pestalozzi, J. H., 1746 ~ 1827）は、次のように言っている。すなわち、「生の高き見方なしには、人間本性は、いかなる種類の市民的憲法によっても、大衆としてのそれ自身のいかなる種類の構成によっても、また、それのいかなる種類の集団的存在そのものによっても、純化されるものではない」と。ここで「生の高き見方」とは、内面性、魂、究極的には「良心」に源を発するものである。この形而上的なものに由来する内的なものが重要なのであり、外的な法や制度は、その補助手段にすぎないと言えなくもない。

それゆえに、新しい道徳においては、前述の「合理的・功利的なもの」に、「形而上的なもの」が別の要素として付加されなくてはならぬ。いやそれ以上に、前者が後者によって支えられ、方向づけられなくてはならぬ。

ところが、魂や良心を持っているのは、個人のみである。だから、ここで、道徳を担い、かつ改善する主体としての個人が問題になってくる。個人は、ただ超個人的・集団的道徳に規制されるだけでなく、逆にそれを担い、不断に創造し、発展させていくべきであろう。

4　今日求められる人間

シュプランガーによれば、われわれが未来を目指すには「必然」と「意欲」と「当為」という三つの根本範疇があって、これらが相互に織り合わされているが、「意欲せざるをえないこと」に決定的な意義を与えると、組織（前述の意味での組織だけでなく、現代社会における組織一般という意味）に縛られた人間ができ、「意欲すべきこと」に決定的な意義を与えると、自主的に判断し、行為する人間ができる。

前者の場合には、個々人は単に自動的・機械的に経過する出来事のなかに嵌め込まれている、小さな歯車と見なされるのである。個々人は、巨大な文化的・社会的出来事を、変更できない宿命的なものと考えるようになる。そして、個々人の意欲が、完全に外的なものによって支配され、操舵されるようになる。だから人間は、もはや外から与えられ、指示され、命令される以外の考え方ができなくなってしまい、人間の画一化・平均化・機械化・群衆化が起こる。したがって、個性の喪失が起こる。また、内面性と人間性も、失われてしまう。先に述べたように、今日このような現象が至るところで確認できるが、それは「群衆的人間」において、最も典型的に現われている。この種の人間は、無責任であり、もはや文化や道徳をみずから担う意志も意欲もないのであり、道徳の操舵をまったく放棄してしまうであろう。

ところが、自主的に判断し行為する人間にあっては、「意欲を倫理的当為に従属させ」、もしくは「必然の範囲が形而上的なものの範囲に従属しなくてはならない」のである。彼は、みずから主体的に、文化や道徳を担い操舵する人間である。「必然」だと諦めずに、「当為」に向かって力強く情熱を燃やして「意欲」する人間であり、かつまた内部から自主的に態度を決定する人間、自己の「良心」の声に聴き入り、そのなかで、自己の果たすべき義務を自覚する人間である。だから、彼にあっては、良心が決定的に重要な位置を占めるのである。この種の人間を、あるいは回復させ、あるいは新たに形成することが、求められる。このような人間によってこそ、今日の道徳が、担われ、かつ発展させられうるからである。

5　現代における決断の重要性

現代の社会は、驚くべき激動の渦中にある。その結果として、混乱、当惑、動揺、葛藤、抗争などが、種々さまざまな問題について、またいろいろな場面において生じている。今日われわれは、何が善であるか、何が望ましいものか、何を目的とすべきかなどに関して、容易に明言できない。新旧の諸価値と諸信念体系、あるいは新旧のものの見方と考え方が、さまざまに入り混じり、あまりにも多様に対立し合った立場が立ちはだかるので、どれを選択すべきかに確信が持てず、決断ができないのである。

変化と動きの少ない安定した社会では、誰もみな、ほとんど一致した価値観を持っており、受け継がれた伝統に生きればよかったので、個人の熟慮や決断はさして必要なかったであろう。既存の慣習、規則、伝統などが、おのずと人を導いてくれたのである。しかし、現代では、従来の信念体系や価値観はぐらつき、伝統的道徳は崩壊し去ろうとしている。このような変化と混乱と葛藤のなかでこそ、われわれは的確に判断し、解決の道をみずから選択し、決断し、敢行しなくてはならないのである。

しかしながら、それは容易な業ではない。人は今日、いずれかが正しくて、いずれかが誤りであるというのではなく、いずれもある程度は正しいし、またいずれもことごとくは正しくないというような、ブルーバッハー（Brubacher, J. S., 1898～1988）の、いわゆる「分かれ道に立った場合」に立たされている。こうした場合の選択は、正と不正、善と悪との間のみではなく、それにもまして二つ以上の正や善の間でのものである。それだけになおさら選択と決断は困難であり、葛藤は激しくなるであろう。現代人は、まさしく葛藤のなかに生きており、悩み多き葛藤を通して、常により高い価値を選択すべく、自己の良心に基づいて決断しなくてはならない。変動の少ない静止的な社会にあっては、シュプランガーのあの「超個人的道徳」が大きな助けになるが、激しく変動するダイナミックな社会にあっては、頼みになり助けになるものは、何よりもまず個々人の「良心」を中核に持つところの「個人的倫理」ではなかろうか。

6　道徳を創造する力としての良心

さて、「良心」とは何かが問題になる。精神生活に関与する人間は、それによって彼が自分のより高い使命を認識するようになる「内的統制者」を、自己の内に有している。個人は、この内的統制による、自己の自由と品位とのなかに、最高の価値を見いだすであろう。この自己の内なる統制者は、私に、すなわち、まさしく私である私自身に、まったく唯一無二の状況における私に、ひそかに働きかけるのである。これがすなわち「良心」であるが、良心は、多くの世代が社会的に有用なもの、あるいは有害なものについて行ってきた経験からは導出されえない。だから、スペンサー（Spencer, H., 1820～1903）以来広まってきた、良心に関する社会学的理論が浅薄であり、虚偽であることを、シュプランガーは特に激しく批判している。

まことの良心は、先験的に人間の本性に根ざして働くもの、徹底的に内面的・主体的・個人的なものであり、かつ形而上的なものに源を発する、人格の内奥の声である。フィヒテ（Fichte, J. G., 1762～1814）は、いみじくも言っている。「良心とは、それに頼ってわれわれが無限なものから出発する光線である」と。倫理的義務は、地上的・世俗的な効率によってではなく、ただ形而上的にのみ、すなわち人間の本質からのみ正当と認められうるのである。さらに、まことの宗教的信仰に生きる人は、良心のなかに神の声を見いだし、その声が自己の意識を通して、自己に語りかけることを確信しているのである。

しかしこのことは、超個人的な精神構造である道徳を、根本的に時代に適合しなくなってきたかのように、はるか後方に置き去りにすることを意味しない。個々人に期待されていることは、ただ良心の声に耳を傾けて、自分の私的生活をすることだけではない。超個人的道徳に対して配慮することも、個々人の義務に属する。それは、次の方向で達成されるであろう。

まず、現存の継承されてきた道徳が、真剣に吟味してみて個人的倫理ともあまり矛盾せず、個人的生活における善の要求をほぼ満たす限り、個々人はその道徳を守り支えるべきである。のみならず、さらにそれを強化することにも、力を尽くすべきであろう。しかし、もちろん現代的・合理的に再構成された形で、それを行うのである。次に、今はすたれてしまった道徳についても、もしそれが今日でもなおきわめて大切で価値あるものだとすれば、個々人は自発的に、自己の社会的責任において、それを新たに現代的に生き返らせるようにしなくてはならないのである。

ところで、道徳を創造する力の本来の源泉はどこにあるのかという、繰り返し浮かび上がってくる疑問に対して、今一度強調して次のように答えておこう。それは、統制する良心に由来すると。しかし良心は、客観的な社会的道徳を、すでにみずからの内に内容として持っているのである。それゆえに、良心は、真剣な社会的責任の意識をもって、社会的道徳と共同することができる。こうした意味において、今日、「良心と責任の拡大」ということが、根本的に求められるのである。

それにもかかわらず、今日、良心が望ましい程度に生じているかどうかは、きわめて疑わしい。多くの人は、複雑な社会の流れのままにわが身を委ねがちである。そして、この諸力に抵抗し、この歴史的に硬化した形成物に対抗しても、何事もなされえないと弁解している。確かに、個人の力には限りがあろう。諦め、投げやり、成行き任せになるのも、無理からぬことかもしれない。

しかし、各人が各々の位置においてみずからなしうることをなし、また他のすべての人と共に、道徳の形成は今日もなおあらゆる種類の文化的活動に属し、かつそのなかで中核的な位置を占めるべきことを真に認識するならば、諸力が結集され、そこから今の時代にふさわしい新しい超個人的な倫理的秩序や規範が創造されるであろう。このことを現代人は、再認識し、いま一度自己の良心に刻み込まなくてはならぬ。政治や経済の倫理化、学問や芸術の倫理化、教育や宗教の倫理化、また娯楽や日常生活一般における倫理化などが、一つ一つ確実に、個々人の良心に基づく決断と行為とによって敢行されるべきであろう。

参考文献

村田昇編著『道徳教育論』（新版）現代の教育学②、ミネルヴァ書房、一九九〇年。
村田昇編著『現代道徳教育の根本問題』明治図書、一九六八年。

シュプランガー著、村田昇・山邊光宏共訳『教育学的展望――現代の教育問題――』東信堂、一九八七年。

ブラメルド著、松浦茂晴・山中巖共訳『来たるべき時代の教育』慶応通信、一九六六年。

長田新著『教育哲学』岩波書店、一九六八年。

シュプランガー著、村田昇・山崎英則共訳『人間としての在り方を求めて』東信堂、一九九〇年。

第二章　現代教育と名誉の問題

第一節　間違った名誉観から起こる教育の荒廃

人間は、本来、名誉をどこに探すべきだろうか。この問題を、本章では明らかにしていきたい。「汝は汝の名誉をどこに探すかを言え。さらば、私は、汝が道徳的にいかなる価値を有するかを告げよう」とシュプランガーは言っている。この言葉は、まさしく、名誉と道徳との密接不可分の関係を表わしている。人びとが誤った箇所に名誉を探し、名誉観ないし名誉心が病的なものとなったり、はき違えられたりすることは、道徳にとって最大の危機である。そうしてまた、そのような場合には、人間形成においても最大の危機が生ずるのではなかろうか。教育も、また社会と文化も根底から荒廃してくるのではなかろうか。

まず、われわれが持っている名誉と、われわれに与えられる名誉との間には違いがある、ということを知らなくてはならない。真正の名誉は、ただわれわれ自身が真に所有するもの、つまり自己の人格の高さでなくてはならぬ。他によって外部からわれわれに与えられるという意味での尊敬も、名誉とは別ものであると言えよう。もちろん、自己の持っている名誉が、その尊敬に値している場合には、その尊敬を大いに喜んでよい。しかし、自身の名誉そのものは、そのために多くも少なくもなりはしない。また、もしみずからの名誉が、他人から受ける尊敬と同じ高さに達していない場合には、自分の心の内部に葛藤が生じて、内面的欠乏の意識が強まり、外的な評価と賞賛は自分にとって最も深い羞恥となるべきである。もしそうでなかったら、われわれはみずから持っているものが少ないがゆえに、他人の尊敬を以っておのれの乏しい名誉にかえ、自己欺瞞の作用によって名誉意識を高進させているのである。

このように名誉は本来内なるものであり、内的価値あるいは品性に基づくべきであるが、一般にややもすると名誉は外なるもの、すなわち外部からの尊敬や名声や評判などであると錯覚されがちである。まことの名誉と間違った名誉との識別、そして正しい名誉観の確立が求められる。

次に、現実の社会に目を向けよう。われわれは特に現代を論じて、リップス（Lipps, T., 1851～1914）と共に「現代には心情の唯物主義が支配している」と言うことができる。これは無思慮な外的財の追求を意味しているが、この唯物主義が派生的に「地位と権力」を追求させ、「成功熱」「功名心」「立身出世主義」などを生む。そうしてこれがまた、親や教師の誤った「教育熱」や「進学熱」を招来し、あおり立てることになる。こうしたことは、今日の日本で特に問題になっている受験地獄と受験戦争のなかに、はっきりと見て取ることができるであろう。

物的な価値観から派生した功名心や教育熱と、人格的な価値観に基づいた「自敬」とは、根本的に矛盾する。それゆえ、前者は後者の犠牲を意味する、と考えることができるであろう。しかも、この犠牲は、唯物主義的心情をますます有効に活動させることになるであろう。これを蔑視して、自己に忠実に生きようとする人は、ごくまれにしかいない。物質的財、あるいは地位や名声を求めての生存競争への没頭は、高級な自己価値を求める努力の障害となっている。そうしてその際、人は必ず他人とか世間とか社会とかを、必要以上に問題にする。その時、人は倫理的要求と義務とに基づいて思考し行為することをやめ、世間の賞賛そのものが、目的にまでなってしまいがちである。ソクラテスとプラトンにならって言えば、この多数者がいったい倫理的に正しいか否かを吟味することなく、人は「衆愚」の声に自分を服従させているのである。あらゆるものを犠牲にして、固有の人格さえ犠牲にしてまでそうしている。ここまでくると、人格は誤った目的の単なる手段と化してしまう。

右のことは、「社会的地位に基づく名誉」、あるいは「序列名誉」について言えることである。フィヒテは、いみじくも次のように言っている。すなわち、「名誉欲が偉大な行為を生み出すのではなく、偉大な行為が、そこで人が名誉を受けるに値する、世界に対する信頼を生み出すのである」と。これは、他人によって尊敬されるか誤解されるか、というような形式的偶然事ではなく、行為の内容そのものが問題であるという意味であろう。また、名誉は目的ではなく、偉大な行為の結果であると言っているのであろう。たとえば、本当の勉強のかわりに、よい点を取り人に勝つことだけを目指す子どもは、点取り虫であり目的を誤っている。あるいは、ただ世間に受けることのみを求める芸術家は、決してまことの芸術作品を創作することはできないであろう。

あらゆるこうした堕落において共通に認められる現象は、自己自身に対してではなく、世間に対して、名誉を探し求めるということである。ここに至って、人はまったく「他人志向的」となり、その名誉観や名誉心は、もっぱら「社会的」に規定されることになる。現代、まさにそうである。人は、あまりにも社会的・外的なものによって、動かされすぎる。リースマン（Riesman, D., 1909 ~ 2002）が言うように、「人が自分をどう見ているかを、こんなにも気にした時代はかつてなかった」のである。

これを別言すれば、現代人は、シュプランガーのあの「群衆的人間」になってしまった、ということにほかならない。群衆的人間とは何であるかについては、すでに第一章で述べたので、繰り返す必要はない。ただ、群衆的人間としての「現代人が個性、すなわち人格的特性を失ってしまった」ということだけは、ここで再確認しておきたい。このような現代人は、受身的で、悪しき意味において従順で、自分の態度や行動の決定にあたって主体的・自律的でなく、ただ他人や世間や社会に歩調を合わせるだけの「匿名の個人」になってしまったのである。

群衆的人間にとって問題なのは、真正な名誉心ではなく、ただ功名心とか虚栄心とかの類だけである。なぜならば、後者が社会を対象とし、対世間的であるのに対して、前者はまず自己を対象とし、自己の品性についての自覚だからである。しかも、群衆的人間のように個性を喪失し、独自の自己を確立することをやめた者には、名誉心はない。三木清（一八九七〜一九四五）によれば、「名誉心と個人意識とは不可分である」のである。自己を失い、個人の独自性の意識を失う時、人間は功名心や虚栄心や栄達主義の虜になる。ところが、名誉心にあっては、それが功名心や虚栄心に変わることなく真に名誉心にとどまっている限り、人間は自己の独自性の自覚に立つことができる。要するに、名誉心というものは、非個性的・世間的なものに対する闘いの心である。

さてここで、群衆的人間において最も目立っているような、人が大衆に動かされ、なびくという弱さは、時の権力者によって巧みに悪用される恐れがある、ということに言及しておきたい。何と言っても無批判的で、非個性的で、皆と共に走る人間ほど、悪い権力者や為政者にとって好都合なものはない。彼ら悪人は、そういう人間を意のままに操舵し、無批判的で絶対的な服従を誓わせることができるであろう。すなわち、自己の名誉を忘れさせ、良心なしに行為することを誓わせることができるであろう。その場合でも、名誉は与えられうる、と言えるかもしれない。しかし、与えられる名誉は、真の名誉ではない。しかもそれは、たとえば軍国主義下の軍隊において明瞭であるような、一様の規格化された名誉なのである。実際、自主的な選択と決定が許されるのは、最上層部の者に限られており、それ以外の大多数の人たちは、自己の名誉を喪失して、非個性的・奴隷的に行進せざるをえないだろう。

単なる権力的人間は、大衆をごく単純な動機によって、また賞罰の手段によって、意のままに動かし支配しようと考えているに違いない。たとえば、彼は「称号」と「勲章」という手段を使用し（称号と勲章を全面的に否定するのではなく、それらが悪用された場合のことを、ここでは問題にしているのである）、みずからの体制を強化しようとする。それらも、一種の名誉ではあるが、外的名誉であり、「体制名誉」である。また、これを「序列名誉」と呼ぶこともできる。いずれの呼び方であれ、この種の名誉は「権力道徳」と結びつく危険性が大きい。かつて歴史上しばしば繰り返されたような、また今日もその心配がないとは言えないような、権力と名誉との不幸な癒着を警戒し防止しなくてはならない。

以上によって明らかなように、群衆的人間の繁茂とそれに伴う個性、自律性、主体性などの喪失、これこそ実にまことの名誉観の形成に対する最大の障害である。だから、群衆的人間にさせないようにして、個性豊かで、自律的で、真に主体的な人間の育成に成功しさえすれば、青少年に正しい名誉観を形成することが可能になると言えよう。

とはいえ、これは現代の時代状況にあっては、難事中の難事である、と言わざるをえない。これが決して容易な業でないことを、われわれは現実的な目でよく認識しなくてはならぬ。しかし、悲観主義に傾くことなく、未来に大きく目を見開き、困難性を主体的に受けとめ、意欲的に解決への道を探りたいと考える。

今日求められる、また、目指すべき理想の人間については、第一章、第二節の４で述べたとおりである。そうした人間、あの人間類型にあっては、「良心」が決定的に重要な位置を占めるということであった。そうした人間こそ、名誉の何であるかを真に知っており、必ずや正しい箇所に自己の名誉を探すことができるであろう。それゆえに結局、名誉の問題は、人間の問題へと回帰してくるのである。

第二節　まことの名誉としての道徳的名誉を求めて

さて次に、「道徳的名誉」について考察したい。「社会的地位による名誉」と「序列名誉」とに対置されるものを、シュプランガーは「道徳的名誉」と呼んでいるように思われる。この種の名誉についてよりよく理解するためには、彼のあの「超個人的道徳」ないし「集団的道徳」ないし「社会的道徳」と「個人的倫理」とに関する論究を、想起しなくてはならない。なぜならば、ほかならぬあの論究の内容こそが、一貫して本章の名誉論の、少なくともいわば「道徳的名誉論」の底を流れ、その支柱となり、背景となっているからである。これはすなわち、一方において、超個人的精神の現象形式であり、個々人を広く非組織的に規制する生活秩序としての「集団的道徳」に対応した「道徳的名誉」があるということであり、そうして他方において、個人の内なる良心に根ざす「個人的倫理」に対応した「道徳的名誉」があるということである。

この「個人的倫理に対応した道徳的名誉」と「社会的地位に基づく名誉」ないし「序列名誉」とは、互いに対極的な位置関係にある。というのは前者は最も内的で、真正で、価値高きものであるのに対して、後者は最も外的で、誤ったもので、価値低きものだからである。そうして、両者の中間に位置するものが、「集団的道徳に対応した道徳的名誉」であると言えよう。しかし、これら三者の間に、はっきりと境界線を引くことはできない。三種の名誉は、それぞれ三つの間で互いにからみ合ってもおり、重なり合うところもあり、また連続してもいると理解すべきであろう。

まず、「集団的道徳に対応した道徳的名誉」から、見ていくことにしよう。集団的現象としての道徳は、個々人を超えて個々人を支配しているのであり、さまざまの社会形式をある規範に服従させるだけでなく、個々人に対して適切な価値判断とそれに基づく行為をさせることによって、共同生活の機能やその一定の価値水準を保全させ続けるのである。そうしてこのことは、「人」もしくは「世間」という匿名の主体による「制裁」によって行われる。しかし、道徳は法と対蹠的に非組織的であり、その遂行のための明瞭な装置、手段、判事、証人、執行機関などを有さない。

シュプランガーによれば、「道徳は、ただ名誉を与えることと名誉を奪うことという、唯一の静かなる、だが有力な手段によってのみ作用する」のである。また、ボルノー（Bollnow, O. F., 1903～1992）も言っているように、「人間の道徳的態度を制御するもっとも簡単で効果的な手段は、名誉を授けたり奪ったりすることである」。集団的規範に服する者は、「令名」やよい評判を与えられる。逆にそれに背く者は、「悪評」を浴びせられることになり、軽蔑され、時には追放されることさえある。道徳に背いて、いったん「不正直者」とか、「破廉恥者」とかの烙印を押されてしまったら、社会のなかで身を持することはきわめて困難になるであろう。こうして見ると、名誉感情は、まず人間の共同生活から生ずるのであり、したがって名誉とは、個々人がそこで生存し、能力を発揮する共同社会から、彼に与えられるものであるということになる。何ぴとも、これを認めざるをえないであろう。

しかし先に見たように、与えられる名誉は、まだ決して真の、最高の名誉ではない。また、言葉の最も厳密な意味での名誉ではない。それゆえに、さらに高い段階の名誉としての「個人的倫理に対応した道徳的名誉」が求められる。個々人は、より高い規準によって規制されなくてはならず、さまざまな時代的・場所的誘惑の犠牲になるべきではなかろう。個々人は、単に「社会的規範」のみならず、高次の「個人的規範」によっても規制され、ことの決断にあたって自己の内密な良心を働かせる「自主独立的人格」にまで高まることが求められる。そうして、この人格は、空間的・時間的制約性を超えてそびえ立つ、生の形而上的なものによって導かれるのである。もしこうした人格がなければ、集団的道徳は魂を失い、無意味なものとなってしまうであろう。

「人格」を定義して、シュプランガーは次のように言っている。すなわち、「人格とは、いわゆる名誉についての群衆的迷妄に対して立ち向かうことができるような、誠実で、目的を意識しており、かつみずからにおいて確固とした人間である」と。この種の人間こそ、「個人的倫理に対応した道徳的名誉」を持っているであろう。もちろん、こうした人間も、大なり小なり、世間一般の名誉観に影響されずにはおれない。しかし、群衆の圧力にくじけることなく、その評価が得られなくても何とか耐えることができるだろう。外からの自己の真実性の確認を久しく問題にせず、独りで生きていくことができるであろう。なぜならば、彼は自己自身の内奥に確実な導きの星、すなわち不断に生成し、誘惑に負けない良心を持っているからである。

しかし、それは単なる個人的良心であってはならない。良心の声に従って、ただ自己の個人的生活を導くだけでは十分でない。右のような人間は、自分の良心が社会的良心にまでなり、社会的道徳を自己の双肩に担い、かつそれを少しでも望ましいものに改善する一員となることがみずからの責任であることを自覚している。「良心」と「責任」とは二つにして一つ、車の両輪、鳥の翼のようなものであり、いずれか一つを欠くと他のものはほとんど意味をなさなくなることが、その種の人間にはわかっているのである。それは、社会の倫理的精神に対する責任をみずから引き受ける点に、自己の最高の名誉を見いだす人間である。もしこうした人格がいなければ、世間の純化もなされえないのではなかろうか。

人間は、どこに名誉を探すべきだろうか、という問題を今一度吟味してみよう。先に述べたように、確かに最初は誰でも、周囲の人びとの前で尊敬されたいと思うだろう。これをライナー（Reiner, H., 1896～1991）は、次のように言う。すなわち、「名誉感情はその最初の刺激を常に他人の判断を通じて得るから、また他人のこの判断への結合がまったくとだえるということはめったにないのが普通であるから、価値感覚の大きな社会的依存性はまったく普通のことである。したがって、『外なる』名誉への顧慮からの行為において共同社会の判断が規準となるばかりでなく、『内なる』名誉を顧慮しての行為においても多くの場合同様である」と。確かにそのとおりであることを、われわれはまず確認しなくてはならない。

しかし、その審判が本当に正しいのか、それが最後の法廷なのか、という疑いが個人の反省を促し、より深い吟味を誘発する。少なくとも、倫理的に高度に発達した個人にあっては、そうである。その時、個人は自己自身のなかになお別のもの、きわめて神秘的な法廷、すなわち個人的な、しかも自己の決断の唯一無二の状況によってとぎすまされた良心を発見する。この孤独な良心のなかで、最終的な倫理的方向づけの星が輝く。この良心に基づいて、個人的な自己批判が発展する。シュプランガーも言うように、「自己批判に耐えることは、同胞に評判がよいことよりも価値がある。なぜならば、この場合自己のなかには、深い形而上的つながりが生き生きとしているからである。そこには、自己自身に対する名誉というものがある」。自己自身に対して、名誉が探されるのである。それは何よりもまず、他人を気にかけない、という意味である。すなわち、外的名誉のために自敬を放棄しない、ということである。「汝自身を敬え！」とは、定言的命令だ。だから、個人は、世間の声から独立して下される、内なる判決に従うべきである。

実際、名誉というものは、「人間が自己自身に対して純粋、かつとがめなく存在する」ということのなかにのみありうるのである。イギリス人が「礼儀を保つ」(keep form) と呼ぶものも、そのような内的態度の自己確信から生じているる。本来の名誉とは、それを持っていると「人格が自己自身に対してたじろがない」ような名誉、つまり倫理的人格そのものの核心であるような名誉なのである。

もし人が、優れた良心の葛藤を通して、自身と自身の集団とへの愛から多くの人たちが行く道を共に行くことができないと決断するならば、「自律」について真にわかっていると言えよう。自己の背後に従者を見る望みがなくても、またたとえ全世界を敵に回してもびくともしない倫理的態度を内に秘めて、抵抗することができる人のみが、最高かつ真実の意味で社会的指導者に適している。

ここで留意すべきことは、このように世間に対して正しい抵抗を行わせ、自己自身に対して名誉を探させるものは、決して単なる偶然的な個人としての「私」であってはならない、という点である。真の「自己」、もしくは「より高き自我」、さらにその中核に位置する「良心」に基づいてのみ、個人は世間や社会に抵抗して、自己自身に対して名誉を持つことができると言えよう。また、人格におけるより高き自我がより低き自我に対して勝利を得る限りにおいてのみ、つまり自分に勝つことができてこそ、人間は厳密な、また真の意味において「自律的」でありうるのである。

ところで、いったい、右のような高次な自己における良心の内奥で語るものは、単なる人間的なものなのだろうか。シュプランガーに言わせれば、「否」である。それは、神の声なのである。孤独な良心のなかで生き生きとした神との出会いが生ずる、という意味のことを、彼はしばしば述べている。もとより人間は、先に見たように、真正の名誉を自己自身に対して持つことに変わりはない。しかし、この自己自身は、もしそれが最高の自己であるとすれば、しかも無神論者の立場に立たないとすれば、ほかならぬ神の前に立っているのである。だから、人間は自己の名誉を、最後究極的には、ただ神に対してのみ持つと言えよう。最終的には、人間が、自己の良心の最も深い層のなかで語りかける神に対して持つことができる、名誉が問題なのである。高次な自己を通して、したがってその良心の深奥で語りかける神の声に従うことは、まことに名誉あることである。

しかし、「人間が神の前で名誉を獲得すべきである」と言えば、奇異に聞えるので、むしろ「神の前で純粋であるよう努力すべきである」と言いたい。良心の深奥で神の声が聞き取れるようになるためには、「心の純粋性」が、不可欠である。キリスト教倫理がそこに圧縮されている、「心の清い人たちは、さいわいである」（マタイ伝、五の八）という命題の意味におけるがごとき、心の純粋性が是非ともなくてはならない。「純粋な心のなかにのみ、すべての救いが宿る」とゲーテ（Goethe, J. W., 1749〜1832）も言う。孤独なる良心は、終始われわれに純粋性を要求する。良心の声はしばしばわれわれに、「汝は汝の純粋性を失う恐れがある」、あるいは「それを失ってしまった」と告げてくれる。良心の声に背いて、心の純粋性を失うことは、真の名誉を失うことにほかならない。まことの名誉は、実に、心の純粋性をぬきにしては考えられないのである。名誉にとって、いなわれわれ人間にとってきわめて大切なものは、すなおで純なる心、わだかまりのない透明な心そのものではなかろうか。飾ることなきさながらの人間そのもの、パスカル（Pascal, B., 1623〜1662）のいわゆる「正味の人間」、また人間らしい人間、こうした人間こそ、正しい箇所に名誉を探すことができるのではなかろうか。

以上われわれは、まず「倫理的・自律的立場」から、続いて「宗教的・神律的立場」から、名誉について一応の考察を試みたのである。これら各々の立場の名誉は、いずれも「個人的倫理に対応した道徳的名誉」と呼ぶことができるであろう。そうして、これらの立場は、必ずしも二者択一的ではない。したがって、両者はしばしば、いずれか一方のみによって成り立っているのではないと言えよう。シュプランガーやゲーテの場合も、やはりそうであり、二つの立場が不可分の形で重なり合い、渾然と融合し合って、両人の名誉論は展開されていると見ることができる。

ゲーテは『ヴィルヘルム・マイスター』の「教育州」において「上なるものに対する畏敬」「同等なるものに対する畏敬」「下なるものに対する畏敬」という三つの畏敬について述べ、しかもこれら三つから「自己自身に対する畏敬」という最高の畏敬が生ずると言っている。

シュプランガーは、ゲーテのこの「畏敬」の考え方から、多くを学んでいる。ゲーテの三つの畏敬から生ずる最高の畏敬、つまり「自己自身に対する畏敬」とは、シュプランガーの解釈によれば、とりもなおさず「自己自身に対する名誉」なのである。したがって、彼が自己自身に対する名誉と言う時の、この「名誉」とは、すなわちゲーテの最高の「畏敬」にきわめて近いものである、と見てまず間違いなかろう。シュプランガーは、倫理的——宗教的なもの、自律的——神律的なもの、という相対立する契機がみごとに調停されている例を、ゲーテのそうした点に見いだしているのである。さらにまた、この調停ということに関連して、シュプランガーはやはり『ヴィルヘルム・マイスター』のなかでゲーテが、人間が到達できる最高のものとして、次のことを述べている点にも注目する。すなわち、「人間は自己自身を神と自然が生み出した最善のものと考えることが許されるということ、そればかりか人間は妄想と我欲によって再び卑俗なものに引き入れられることなしに、この高みに留まることができるということ」にである。

名誉についての自律的立場をとるか、あるいは神律的立場や仏教的立場をとるか、あるいはまたシュプランガーやゲーテのように両者が調停され渾然と融合した立場をとるかは、もとより人の自由である。しかしただ一つ確かなことは、名誉とは本来内的なものであり、非世間的なものであり、非権威的なものであるということである。正しい箇所に名誉を探す高潔な人間は、内的人間であり、同時に他人や世間に影響されにくい人間であり、同時に悪しき権威に強い人間であるに違いない。逆に、誤った名誉を追い求めて奔走する人間は、外的人間であり、他人を気にかけすぎ、権威に弱い人間であろう。彼には、まことの名誉心はない。ただ功名心や虚栄心や名声欲しかない。しかし、この種の名誉は決して名誉の名に値しないことは、もはや言を俟たぬ。

第三節　現実社会のなかで、より真実な名誉を求めて

これまでは、もっぱら、まことの名誉と誤った名誉とを峻別してきた。理論的考察にあっては、このように各々の事柄が個別的に概念化されがちである。しかし、現実そのものとしてこれを見ると、両者は互いに重なり合い、関連し合っているのではなかろうか。また、そうなってもよいのではなかろうか。

先に引用した「名誉欲が偉大な行為を生み出すのではなく、……」、というフィヒテの言葉を補足して、われわれは次のように付言することができるであろう。すなわち、「レッテルと名声への衝動がまったくなくて、偉大なことが成し遂げられたためしはない」と。名誉欲の火花なしには、何ぴとも上へ高まることができないであろう。しかし逆に、「みずから内面的に満足したいと欲することなしに、何事かを真に成し遂げることができると考えるのは、錯覚であり、愚かである」とも言えよう。

こうして見ると、「序列名誉」や「社会的地位による名誉」への熱望も、あながち否定される必要はなく、その熱望

がまことの倫理的要求や義務とできるだけ調和することこそが大切である。人間が、自分の名誉欲や名誉心を、できうる限り倫理的に正しく方向づけることができるか否かが、問題なのである。なぜならば、完全に自己自身で存在することができ、所属している集団によってまったく自己の真実性を認めてもらえなくても、立派に生きていくことができる人間は、ごくまれにしかいないからである。

聖人君子ならいざ知らず、一般に人間だれしも、程度の差こそあれ「我欲」というものを持っており、本能的・衝動的に動かされがちである。普段は内に潜んでいて、あたかもそれがないかのように見えるかもしれない。しかし、いざぎりぎりの限界状況に立たされた時、しばしばそれが出てくるものだ。ペスタロッチーのいわゆる「道徳的状態」の高さにまで向上してもなお、我欲の完全なる撲滅は不可能とされている。だから、人間が本来持っているこの本能的・衝動的なものを無理に押し殺そうとしても、無駄であり、よい結果をもたらしもしないであろう。われわれはむしろ、それを積極的に生かしていく方向で、それをいかなる方向に向かわせ、いかに純化すべきかを考えるべきであろう。

ちょうど物質的財産そのものは、悪でも善でもなくその使い方いかんが問題であるように、他人から受ける尊敬についても事情は同じであろう。もし尊敬が倫理的人格に自分の欠乏を意識させると共に、自分の所有する価値と他人が外から自分に与える評価との間の恥ずべき矛盾を反省させて、真の意味で尊敬に値し、まことの名誉を持つ人間になりたいという意欲を高めるならば、尊敬も十分に倫理的効果を持ちうると言えよう。これが、「位高ければ徳高きを要す」という諺の真の意味ではなかろうか。

参考文献

シュプランガー著、浜田正秀訳『教育者の道』玉川大学出版部、一九六九年。

シュプランガー著、篠原正瑛訳『文化病理学』弘文堂、一九五〇年。

ボルノー著、浜田正秀訳『哲学的教育学入門』玉川大学出版部、一九七三年。

リップス著、島田四郎訳『倫理学の根本問題』玉川大学出版部、一九七五年。

長田新著『教育哲学』岩波書店、一九六三年。

ライナー著、松本良彦訳『義務と好悪』（下巻）大明堂、一九七一年。

ゲーテ著、堀内明訳『教育州・詩と真実』玉川大学出版部、一九六九年。

リースマン著、加藤秀俊訳『孤独な群衆』みすず書房、一九七二年。

三木清著『人生論ノート』新潮社、一九七一年。

シュプランガー著、村田昇・山邊光宏共訳『教育学的展望――現代の教育問題――』東信堂、一九八七年。

シュプランガー著、村田昇・山崎英則共訳『人間としての在り方を求めて』東信堂、一九九〇年。

第三章　豊かな人間性を育む教育

はじめに

人間性は、古くて新しい永遠のテーマであろう。特に今日、人間性が喪失もしくは変質し危機にさらされているといわれ、その回復と育成が求められている。神戸のあの少年殺傷事件やその後もあとを絶たない残虐きわまりない犯罪を初め、少年非行、いじめなど、人間性を否定する反人間的行為が大きな問題となっている。

それらの問題解決のためには、文化全体の構造的な改革が必要であろう。しかし、何といっても教育に関わる者としては、今こそまさに「豊かな人間性の育成」や「心の教育」に力を入れなくてはならない。

人間性に関しては、長い歴史とさまざまな概念があるが、単純化していえば人間性とは「人間らしさ」である。それは、人間の内部からにじみ出てくるものであり、主として「内面性」を意味する。それゆえに、人間性を育む教育とは、人間らしさと内面性とを育むことであると言えよう。また、これは広義の「心の教育」を意味するものである。ただ、第四節で述べるが、内面性や心は「責任意識」へと社会的に具体化されなくてはならないことを付言しておく。

思考力の展開や教授を通して、外界に対する視野を拡大するだけでは十分でない。まして主知主義的教育は最悪である。もし教育が、責任を持って今後将来の文化を担い、倫理的に発展させ続けることを可能にする諸能力を青少年に目覚まそうとするのであれば、シュプランガーも力説するように、「教育はきわめて深く内面性にまで浸透しなくてはならない」のである。しかし、現代の教育は、このような深みとまったく関わろうとしない。主知主義と業績という誘惑の声に惑わされて、外面的な世界にしがみついているのである。

第一節　自己省察への教育

人間らしさと内面性を育むためには、まず自己省察（Selbstbesinnung）が必要であろう。本来、子どもは誰でも、思春期に入ると、あるいはその少し前から自己自身と関わり合い、自己とひそかに対話する傾向がある。自己に対してまさに「著しく関心を持つ」のである。最初の素朴な自我をいわば眺める第二の自我が活動し始める。その時初めて、自己自身との交わりが始まる。したがって、自己省察も始まる。

残念なことに、この本来の傾向は、子どもをとりまく望ましくない環境によって妨げられるばかりである。自然の喪失とそれにとって代わった刺激の洪水、忙しさと落ち着きのなさ、静けさの喪失などは、若者の、いや全国民の自己省察をきわめて困難にしている。したがって、人間性への教育の妨げになっている。

しかし、特に思春期には、静寂と落ち着きのなかで自分だけになりきる「孤独の体験」をする必要がある。孤独には、明るく積極的な意義を有するものと、逆に暗く消極的なものとがあるが、ここでは、孤独とは前者を意味する。

こうした孤独の体験のなかでこそ自己省察、あるいは自省、あるいは自覚が生まれる。

ところが、孤独のなかで自己省察を行うことができるためには、「自然」がなくてはならない。しかも、自然には静寂がつきものである。たとえば、ルソー（Rousseau, J.J., 1712～1778）やフレーベル（Fröbel, F., 1782～1852）は、自然を愛し自然のなかで独り徹底的に自己省察を行い、豊かな人間性を育んだ。これは何も特別な人に限られたことではなかろう。ごく平凡な人の場合にも、基本は同じであると言えよう。いわば、濃度が違うだけである。青少年を自然のなかへと誘い込むことが、今日ほど必要とされている時代はない。青少年は、独り自然のなかで自然に自然と対話し、自己について省み考えをめぐらすことができるであろう。

若者が、本来好んで読む価値ある読み物も、自己省察を助ける。魂の蕾の年代に、また魂の花盛りの年代に、静けさのなかで無心に読書することによって、人間は豊かな知性と感性を養い、自己の在り方と生き方とについて学ぶであろう。

それらによって、若者は「魂の思春期」を体験し、主体的な自己を形成していくことができるであろう。逆の場合には、非主体的で自己を持たずに、他に染められ流される、シュプランガーのいわゆる「群衆的人間」になってしまう。今日ほど「群衆的人間性」（Massenmenschentum）が蔓延している時代もなかろう。

それ自体が、人にあやつられて踊るという望ましくない社会的環境となっている。また、最近の青少年は、自然や読書に親しむ環境のなかにいない。過酷な受験勉強とテレビやゲームなどに偏った室内遊びなどのために、物理的にも精神的にも本当に静かでくつろげる環境が失われてしまった。内容豊かな書物を手にする前に、無価値な書物の商業主義的誘惑にかかる。その結果、単に自己省察が困難になっただけではなくて、心がひからびて人間性を喪失し、最悪の場合には残虐きわまりない犯罪さえ犯しかねないことになってしまったのであろう。

自己省察への導きの典型的な術として「ソクラテスの対話」をあげることができる。ソクラテスは青年たちに徳の本質について問いかけ、彼らはたえず倫理的・論理的矛盾に巻き込まれる。その深い意図は、彼らを「倫理的矛盾のなかで自己自身と関わり合わせる」ことにある。ソクラテスとの対話が、青年自身の自己内対話、したがって自己省察を生み出す。彼らは倫理的実質をまだ自分のうちに持っていない。しかし、「人間性のこの核心を、彼らに簡単に外から与えることはできない。ソクラテスも、若い仲間たちを電撃によって、はっと思わせたにすぎない」。電撃は、素朴なものとしては、積極的な意味での衝撃、ショックである。

今日わが国でも、どんなに素朴であってもよいが、家庭、学校、社会において青少年との対話を通して、彼ら自身の自己内対話と自己省察へと導くことが大切である。答えを与えるべきではない。問いかけと発問によって衝撃を与え、後は自分自身で思考させ、判断させ、表現させる方向で指導することが求められる。これも、人間性への教育につながる。教え込みへの偏重やいわばワンマン授業は、非人間性へと導く。今日わが国で叫ばれていることは、ここでも、他の多くの問題についても、基本的にはすでにソクラテスやシュプランガーらの偉大な先人が主張していることと同じであると言えよう。

第二節　自尊と自己批判への教育

まず、「自尊への教育」から考えてみよう。誰もが自尊、もしくは自敬へと教育されなくてはならぬであろう。自己自身を尊び敬い、大切にすることができない者は、人間性が豊かであるとは言えない。すなわち、人間らしい人間ではないのである。「汝自身を敬え！」という定言的命令を立てることができるであろう。

すでに第二章でも述べたように、ゲーテは『ヴィルヘルム・マイスター』の「教育州」において「上なるものに対する畏敬」「同等なる者に対する畏敬」「下なるものに対する畏敬」という三つの畏敬について述べ、しかもこれら三つから「自己自身に対する畏敬」という最高の畏敬が生ずると言っている。また、その逆の方向も可能であると考えている。

シュプランガーは、ゲーテのこの「畏敬」の考え方から、多くのことを学んでいる。ゲーテの各々の「畏敬」は、シュプランガーの「尊敬」へとつながる。それゆえに、ゲーテの「自己自身に対する畏敬」は、シュプランガーの「自己自身に対する尊敬」に通じている。さらに、ゲーテの「自己自身に対する畏敬」とは、シュプランガーの解釈によれば、とりもなおさず「自己自身に対する名誉」なのである。こうして結局、シュプランガー自身において「畏敬—尊敬—名誉」は、三位一体のものとなる。だから、「自己自身に対する尊敬」、つまり「自尊」とは「自己自身に対する名誉」を意味する。これは、外的・世間的名誉と対照をなす「内的名誉」のことである。

まず前者から、自尊への教育は始めるべきであろう。社会的習慣に従えば賞賛され名誉を与えられ、逆に違反すれば非難され名誉を奪われる。このことを、子どもに経験的によくわからせる必要がある。社会的・集団的に、また権威的に基礎づけられた外的名誉意識の形成から始めざるをえない。

しかし、第二章でも述べたように、名誉とは本来は、内的なものであり、非世間的・非権威的なものであると言えよう。豊かな人間性を育む教育は、外的名誉から出発しそれを手がかりとしながら、しだいに「内的名誉意識」を育んでいく必要がある。人が何と言おうと、自己の魂の深奥でひそかに自己を敬い、自己にプライドを持つことができるという意味での「内的名誉意識」を育み伸ばしていかなくてはならない。そのためには、あるいは一人ひとりの個性を認め伸ばす教育、あるいは自律性や主体性を育てる教育が求められるであろう。

少なくとも、きわめて原初的で素朴な内的名誉感情を傷つけ、侵害することだけは厳に慎むべきであろう。体罰は最悪である。笞打ちの処置は、名誉感情、人間性の土台である侵すべからざる尊厳の感情をひどく傷つけてしまう。これは、教育的処置とは逆である。人間性の教育は、名誉に対する根源的感覚を、人間のうちに前提していなくてはならない。また、この自尊の萌芽を個性的に伸ばしてやりたいものである。

次に、「自己批判への教育」について考えてみよう。シュプランガーは、先の「自己省察は、もしそれが自己批判にまで至らないとしたら、何ら実際的な成果をもたらさないであろう」と言っている。誠実かつ謙虚に自己を批判するならば、誰もが自分をささやかな者と感じざるをえないであろう。自分を自分以上の者や偉大な作品の前におく場合には、まして厳粛に神や仏の前におく場合にはなおさらに、そうである。あるいは自分を下なるもの（人間だけではない。この場合は「もの」、人間だけの場合は「者」とする）や同等なるものの前におく場合にも、これらを畏敬し尊敬することができ、その結果自尊へと至るためには、前提として自己批判が欠かせない。自己批判をすればこそ、上下を問わず何ぴとに対しても、いな人間以外のあらゆる生命と存在に対しても、尊敬し大切にする心で接することができるであろう。これがまことの自尊の感情を育む。この意味で自尊と自己批判は一体のものである。

逆は、うぬぼれと傲慢であるが、これは虚偽の名誉心によって生み出されると思われる。誠実な人間らしい生活態度は、まことの健全な名誉感情ではなくてその正反対の間違った名誉欲によって、しばしば抑圧されている。人間性が過度な名誉欲によっていかに多くの損傷を被ってきたかは、想像を絶するものがある。

われわれは特に、現代を論じて、リップスと共に「現代には心情の唯物主義が支配している」と言うことができる。これは無思慮な外的財の追求を意味しているが、この唯物主義が派生的に地位と権力を追求させ、成功熱、功名心などを生む。これがまた、親や教師の誤った教育熱や進学熱をあおり立てることになる。地位や名声を求めての過酷な受験勉強は、自己省察と自己批判を行う障害となっている。心の教育、あるいは人間性や生きる力の育成を妨げている。

第三節　個人的良心への教育

自尊と自己批判への教育がさらに徹底したならば、良心への教育に至るのではなかろうか。目覚めた良心なしには、人間性は考えられえないと言えよう。しかし、シュプランガーによれば、「次の二つの事実には、最近ますます驚かされる。すなわち、われわれは慣行の教育学のなかで良心への教育ということを聞くことがきわめて少ないという事実である。……さらに、まさに良心は今日堕落してしまったという事実である。それゆえに、真正な人間性が喪失し、群衆的人間性、それどころか非人間性が増大している」のである。逆も真であろう。

シュプランガーは個人的良心を「内的調整器」とか「内的統制者」と呼んでいる。この自己の内なる統制者は、私に、すなわちまさしく私である私自身に、まったく唯一無二の状況にある私に、ひそかに語りかけ働きかけるのである。だから、良心とは自己自身の内奥の声であると言ってよい。徹底した自己吟味と自己批判のなかで、この魂の深奥の声にすなおに耳を傾けさせる教育が求められる。

個人的良心は、先に言及した「自己自身に対する名誉」とも密接に関連している。このまことの自尊の感情を育むことが、個人的良心を育むことになり、逆も真である。外的名誉のためにだけ生き、それがまったく法に触れることがなかったとしても、私自身の良心は満足しないであろう。あるいは良心の呵責が生じ、それはいつまでもつきまとうであろう。人間性の内界の中核に位置する良心のなかでは、私の行為は、私がそれを私自身に反して行ってしまったのであるから、拭い消すことはできない。どんなに忘れようと思っても、忘れることができないものである。

「良心への教育」や「自尊と自己批判への教育」、また後に見る「愛への教育」「内界覚醒への教育」等々を妨げる諸要因は、すでにあげたもの、あるいは必要に応じて後にあげるものとほぼ同じであるから、その都度重ねて述べる必要はなかろう。

第四節　責任意識への教育

自己省察の人、自尊と自己批判の人、まして良心の人は、社会的責任をみずから主体的に引き受けることを、自己自身に対する最高の名誉と感じているであろう。まことの内面的名誉に生きる人は、同時に深く責任を意識しているであろう。責任意識をもち、責任を担うことができるという徳性も、人間性の不可欠な構成要素である。自己の責任の重さについてわかっていない人間は、まだ真の人間性にまで至っていない。だから、もし責任感がなければ、いかに豊かな教養を持ち、そこからにじみ出る品性の人であっても、まだ人間性が豊かであるとは言えない。

責任を果たすことを学ぶためには、具体的な経験をしなくてはならない。今日求められているものは「行為による行為への教育」にほかならない。しかも、責任への教育は、青少年が無理なく理解し果たすことができるような、身近なごく小さな責任を行為を通して体験的に学ぶことから始めなくてはならない。その後しだいに段階的に高まっていくであろう。責任の担い手となるためには、下稽古が必要である。この練習の積み重ねが、習慣へと導く。責任ある行為と行動との継続と蓄積が、責任感のある人間をつくる。

しかし教育は、ただ教師から子どもへの方向で行われ、教授はいわばワンマン授業となっており、子どもたち相互間の関係と影響とは、人間性の育成のためにまだ十分には活用されていない。子どもたちは、一緒に、互いに生活し学び合っていない。共同生活と共同作業、あるいは体験学習を通して責任意識を育む必要がある。

今こそ、ケルシェンシュタイナー（Kerschensteiner, G., 1854〜1932）の労作教育の理論と実践に学びたい。ペスタロッチーも、子どもたちの労働を通しての人間性の育成を実践した。わが国ももう一度、責任意識への教育のための労作を導入すべきではなかろうか。

シュプランガーはそれらの先人に学びながら、次のように言っている。すなわち「農業労働と家事労働は、しばしば工業労働よりもはるかに骨が折れ、時間も長くかかる。にもかかわらず、それらの労働形式は、人間をそれほど空《うつろ》にしない。なぜだろうか。それらの形式の背後にはまだ全人が存在しうるからであり、また人間はより多く自然のなかに生き、あるいはその際、彼は愛をもって存在しうるからである」と。わが国においても、人間性の育成を主眼とした農業の見なおしなどが、国をあげて抜本的に行われるべきであろう。

他にたとえば学校での料理や掃除、校外でのボランティア活動などの場合にも、自分が当てにされていること、集団が自分を人間的な意味で必要としていること、自分の価値と尊厳が全体のための働きにあること、また全体のために仕事を成し遂げることこそが実質的具体的に内面的な自尊をも生み出すこと、これらのことが生い立つ人間に自覚されていなくてはならない。これらのことが各人に自覚された労働共同体は、実際生活の効果的な予備学校である。これが人格へと陶冶する。労働共同体のなかで進んで責任を担うことによって、子どもたちは人格を高め、豊かな人間性を育むことができる。

遠足、キャンプ・集団宿泊、集団でのスポーツなども、共同体精神と責任感を育むであろう。それらにおいてもまた、青少年に責任のある課題が託されるならば、彼らはそれに誇りを持つものである。「集団のなかで責任を果たせ！」と「汝自身を尊重し自尊せよ！」という二つの定言的命令が、一つに結びつく。社会的責任と個人的プライドとの結合、これこそまさに真の人間性を育むものであると言えよう。これは「個人のなかでの個人と社会との合一」を意味する。

ところで、責任には二つの種類、もしくは段階がある。シュプランガーは下位の段階を「委託の責任」（Auftragsverantwortung）、ないし「執行の責任」（Ausführungsverantwortung）と呼び、上位の段階を「主導の責任」（Initiativverantwortung）と呼んでいる。後者は「発意の責任」、もしくは「自発的責任」と呼んでもよい。

最初の段階では、その都度一定の委託や委任、もしくは指示や命令が与えられ、子どもがそれを果たさない時には、責任が問われる。そうして、細かな義務のカタログが用意され、それに基づいて履行の不断のチェックが行われる。だから、これは他律的段階と言えよう。これだけでは十分でない。そこからさらに、自律的段階である「主導の責任」へと高まらなくてはならない。この段階では、いかなる指導者が立てたものでもなく、何ぴともその履行を監視することのない課題を、みずからの自由意志で引き受けることができるであろう。主導の責任は、自由を前提とし、自由と責任は表裏一体のものであり、両者はまったく不可分の関係にある。奴隷には自由がないので、責任もない。シュプランガーによれば、ここで「規準的なものとなるのは、もはや、シラー（Schiller, J. C. F., 1759 ~ 1805）が言っているように『思い悩まされる義務』ではなく、何ぴとも自分をそれへと強いることなしに、公共の用件に対する世話を引き受ける貴人の自由意志である。彼には、自分には何の見返りもない奉仕を共々に担おうとする心構えがある。それが、倫理的意味における強い肩を持った人間である」。これは単なる理想論、空論ではなかろう。

第五節　愛への教育

「人間性への教育は、愛への教育である」と言えよう。これは、単なる個人主義と利己主義に対する明らかな拒絶である。愛はすぐれて社会的なものである。それゆえに、愛は責任、わけても「主導の責任」と結びついている。また、愛の人とは、シュプランガーのあの生の類型の上では、他がためにのみ生きる「社会的人間」である。他がためにのみ、自由意志で責任を持って生きることこそが、真に人間性を特質づけるものであると見ることができる。同様に、子どものためにのみ捧げる愛、捧げようとせずして自然に捧げる愛は、望ましい親と教師の人間性を特質づけるものであると言える。要するに、愛とは自分のすべてを他のために「与える」ことである。これができる人が、理想の人間である。そうして、子どもをこうした愛の人間へと教育することが、人間性の教育にとって不可欠な要件であると言ってよい。

しかし、自愛を完全に拭い去る一般的な人間愛のようなものは、およそこの世には存在しないし、また将来も存在することはないであろう。遠くの人たちに対する抽象的で一般的な人間愛のみを説く哲学者は、家族や隣人などという私に最も身近な人間に対する愛を、また自己自身に対する愛をも忘れているであろう。シュプランガーによれば、「私の最も身近な人とは、どこでも、単に『隣接』しているだけでなく、私に関わり合っている人のことである。その言葉は二義的である。すなわち、私と関わる人間、私と共に関わり合う人間、私でもある人間である（後の傍点は筆者）。さらにそれは、私に頼み込む人間である」。

たとえばここで、「私」を母、「私の最も身近な人」をその幼子であるとしよう。両者は「関わり合って」おり、母と子は一心同体であり、だから母にとってわが子はわが身でもある人間である。そういう母を子どもは、誰よりも信頼し、したがって母に「頼み込む」であろう。これこそが、最も近き愛の典型であり、自愛と他愛との融合である。自尊がなければ、他人を尊敬できないように、自愛と他愛も一体のものではなかろうか。

これをわれわれは、ペスタロッチーの次の言葉のなかに読み取ることができる。すなわち、「母は子どもを育み、養い、守り、そして喜ばせずにはおれない。彼女はそれ以外のことはできなくてそうする。まったく感性的な本能の力に迫られてそうする。母はそうして子どもの要求を満たし、子どもにとって不快なものを遠ざけ、何もすることのできない子どもを助ける。子どもは育まれ世話されて、喜び、愛の芽は子どもの心のなかに成長する」と。母の愛によって生まれたこの愛の芽が、子どもの生活圏の拡大に伴ってやがて順次、家族全体、郷土、学校、職場、国家、さらに今日的には国際社会へと同心円的に広がっていくであろう。すべての人を愛することができるようになり、すべての人間は、肉体的にではなく、愛において兄弟となるであろう。このように愛への教育は、狭くて近い関係としての愛を育むことから、しだいに広くて遠い関係としての人間愛を育むことへと広がっていくべきである。ものには順序がある。

ところで、全宇宙的に見れば、森羅万象においてすべてがすべてとつながり合っている。深い静けさと聖なる落ち着きのなかで、人間存在の底層から、すべてがすべてと結ばれている、という感情が生じてくる。愛とはこの「つながり」であると言えよう。同様に母と幼子との間の愛も、つながりである。もう一つは、「愛とは自分のすべてを他のために与えること」であった。この二つの徳性を持っている人間は、愛の人であり、人間性が豊かであると言ってよい。

人間愛とは、あらゆる人間が「同一の聖なる根源」に由来する、したがって、あらゆる人間がこの「形而上的連帯」の意味で尊重され、愛されるべきであるという感情であろう。あの聖なる落ち着きの支配のもとでは、個々人の魂の内部に「全生命の神秘的な根源」が輝き出るであろう。そこに、一切の人間愛と人間性との根底がある。まことの人間性の内部に支配するものは、すべての人が心と心、魂と魂とで結ばれているという感情であり、人間はすべて聖なる存在であるという感情である。のみならず、すべての生きとし生けるもの、いな山河、岩石などに至るまでの万有に対しても、同様の感情の広がりが求められる。人間と人間とのつながり、人間と動物や植物とのつながり、人間とあらゆる存在とのつながり、それらが一つになったものとしての全宇宙的連関、その存在の根源などについて子どもが意識することへの教育が大切である。たとえば、「いじめ」をなくす教育にも、このような視点を導入しなくてはならない。仲間をいじめないことの指導だけでは、すぐに限界に突き当たるであろう。また、現行の小・中学校学習指導要領第一章の「人間尊重の精神」と「生命に対する畏敬の念」の指導等々についても、同様であろう。

具体的方法としては、動植物とふれあいながら共同生活をする体験学習やキャンプなどがある。そこには、静寂とゆとりと落ち着きもあり、これが子どもたちにすべてがすべてとつながり合っているという意味における愛を感じ取らせる助けになるだろう。童話の世界も、森羅万象がつながり合い一つになっているので、そうした愛へと子どもを案内するであろう。また、道徳の授業においても、愛と人間の生き方について静かに深く考えさせたいものである。

しかし、何といっても愛への教育ほど困難なものはない。これは、処方せんを用意することが最もむずかしい。やはりまず、ペスタロッチーが教えてくれているように、家庭が生み出す愛のともし火を消さないようにすることが大切であろう。それをしだいに遠くへ広げていくほかない。シュプランガーによれば、「愛されたことのない者は、決して愛することができないであろう（例外も多い。強調のためにこの表現になったと思われる。筆者注）。人は、幼少時の愛の共同体という資本で、終生生きていかなくてはならないのである。……ジャン・パウル（Jean Paul, 1763～1825）は、いかにして愛へと教育することができるか、という問いに対して、簡潔な命令法で、『愛せよ！』と答えている」。それ自体は正しい。しかしもちろん、愛には命令法は通用しない。「愛せよ！」と命令されても、どうにもならないのが愛というものである。ここで、限界に突き当たる。とはいえ、やはり親や教師の子どもに対する愛から出発すべきであることに変わりはない。

次に、近代文化に目を向けてみよう。そこには、もはや静寂も落ち着きもゆとりもない。家族は共同体の特質と愛の温もりを失ってしまい、自然は産業と効用との手段と化し、経済中心に世の中が動き、生活全体がきわめて機械的になってしまった。シュプランガーによれば、「われわれは、われわれの生存を根底から支えるものについて、もはや何も知っていない。われわれ相互の交際はもはや愛ではなく、金でなされている。……金が精神を、すなわちいにしえの敬虔な愛の精神を窒息させてしまっている」のである。これはまったく最近のわが国について言えることである。いったい何のための近代であったのか。人間性喪失の文化状況のなかでは、あらゆる人間性への教育は、きわめて困難であろう。愛への教育も、近代文化の改善と同時に行われなければ、効果的でない。

にもかかわらず、教育は教育者にかかっている。だから、教育者その人が「自己省察」と「自尊と自己批判」の人、目覚めた「良心」と「責任意識」を持った人になることから始めて、「愛」の人にまで至ることこそが、人間性と愛への教育にとって最も大切であろう。教育者自身の愛を求める心、愛へのあこがれ、不断の愛の実践こそが、今日の埋もれた人間性を再び蘇らせることができるであろう。深く愛を体験し実践し続ける者しか、愛へと教育することはできないのではなかろうか。真に深く生きた、また生きようと意欲している生によってしか、人を導くことはできないのではなかろうか。

第六節　全体性への教育

今こそ、生活から遊離した主知主義、知識の詰込み・注入の教育から、全人の教育へと大転換する必要がある。前者は人間性を育むどころか、窒息させかねないが、後者は、確かに「豊かな人間性を育む教育」である。

ペスタロッチーは、「人間性は知的・道徳的（「心情的」あるいは「心の」と言ってもよい。筆者注）・身体（技能）的能力として本来人間に内在していると考え、それらを自然の歩みに即して発達させつつ諸能力の全人的調和を実現することを人間性の理想とする教育説を展開した」。つまり、いわゆる「諸能力の調和的発展」こそが、豊かな人間性の育成となる。また、全人の育成と全体性への教育にもなるのである。ペスタロッチーは、上の三つの能力は三つにして一つであり、それぞれ不可分の関係にあって、いずれの一つをも欠くことができないとしながらも、とりわけ道徳的、あるいは心情的、あるいは心の能力をこそ最も重視し、これを「自分の思想の全体系の要石」と考えている。やはり「心の教育」が中核となる。

今日わが国においても心の教育、生きる力の育成、総合的学習、体験学習などが力説され実践されてきているが、それらはすべてそうした意味での「人間性への教育」に結びつき集約されるものである。そうしてそれらすべてに対して、ペスタロッチーやシュプランガーは、深い知恵からにじみ出た基本的原理を提供してくれていると言えよう。

シュプランガーは、全人の育成のための全体性の原理に属するものとして「郷土科の原理」「労作の原理」「共同社会的教育の原理」、さらに「内界覚醒の原理」の四つをあげている。最初の三つは、すでに従来から知られていたものであるが、今日また現代的視点で見なおされることが求められる。しかし、第四の「内界覚醒の原理」は新しい。そこには、戦後特に人間の内面性を強調するシュプランガーの思想が、特徴的に表現されている。これは「人間性への教育」一般、わけても「良心への教育」と密接に関連するものである。この第四のものは、主として外界に関わる前の三つのものと結合して、それらを内界へと深化させるものとして、教育の究極の原理とされている。先に見た「愛への教育」その他もすべて、究極的には「内界覚醒の原理」によってこそ達成されうるものである、と言えよう。

もちろん、内界への深化は前の三つの原理においても、その都度多少は意図されている。したがって、たとえば、シュプランガーは第一原理の論究のなかで言っている。すなわち、子どもは郷土世界に根を下ろし、「その時に安心感が子どもに与えられなくてはならない。安心感を持ったことのない人は、内界を発展させることもできない。そして、外界の知識と内界の関係とを常に同時に成長せしめること、それが教育学の本質的原則である」と。同様に第一原理に基づく教育においては、「何ものもまったく疎遠に、また中立的に『外部に』留まるのではなく、『すべてのものは私のものだ。すべてのものはまた、私の一部だ』、ひとことで言えば『それは私の世界だ』という感情が支配するのである」。こうした客観の主観化と内面化とは、シュプランガー教育学の全体において、しばしば確認できるが、「内界覚醒の原理」において最も徹底している。

この原理は第八節で別に論究する。第二の「労作の原理」は第四節の内容と関連し重なるところもあるので、あらためて述べない。ただ、シュプランガーの第二原理の論述のなかに「人間性の根源活動」について言及しているところがあり、それが本稿のテーマとつながると思われるので、それを次の第七節で考察することにした。また、第三の「共同社会的教育の原理」は、内容的に第四節と関連するところもあるので、特に言及の必要はなかろう。

第七節　人間性の根源活動への教育

かつてはドイツでは高等教育機関のみならず、国民学校（小学校）においてさえ、有用なものを教えることを恐れていた。それが、教養主義に基づく純粋な人間性の理想を損なうかのように思われていたからである。歴史的に代表的な人間性の概念の一つは、古代ギリシアに源を発しており、人間性の理想を古典的教養に求めるものであった。この流れを汲む立場に従えば、「人間性とは、もと人文的学芸に始まり、やがて当代の新しい知識の獲得によって培われる教養と人格的品位を意味していた」のである。つまり、教養主義と人格主義の立場に立つものであり、したがって有用性や実用性を斥けがちである。こうした立場が、かつてはドイツで、また日本でも大きい影響を及ぼした。一九世紀に入って学校が労働界を無視することができなくなるにつれて、教養主義と実際主義との間での矛盾と対立が目立ってくる。シュプランガーは、時代の求めに応じて両者を調停、統一しようとしていると言えよう。労働や作業の精神化と倫理化とによって、人間性の育成を行いたいと考えていると思われる。

子どもの発達段階における適時性の問題に着眼して考えてみると、少なくとも小学校では、労働や作業による有用性の教育を行わなくてはならない。シュプランガーによれば、「思春期前の年齢では、ちょうど有用なものが最高度に興味あるものなのであり、この陶冶性の天与の原動力を放棄してはならないだろう。人が使用しうることは、そう容易には忘れられないだろう」。身体と手で体得したことは、身について消えない。逆に、頭だけで憶えたことは、そのうち消えてしまう。

しかしこのことを、単に実際主義的・物質主義的意味に取ってはならない。あくまでも、精神的・倫理的なものが大切である。すなわち、倫理的な精神生活の源泉と密接に結びついている「人間性の根源活動」こそが、問題なのである。

植物の栽培や改良、動物の飼育や調教、道具の発明や材料の加工。これらは、人間の生活と精神との揺籃であった。人類文化の発端であった。だから、生活に結びついたこの精神活動は、まず人類史的に見て最も根源的な活動である。高度文明社会の時代よりも、それ以前の時代のほうがはるかに長い。長く続いた根源活動には、それなりの理由と価値があるので、それはある程度守られなくてはならない。今こそ、まさしく人間性の回復のために、高度文明生活への偏重が深く反省されるべきであろう。

さらに、根源活動とは、精神的・倫理的な意味においても根源的なものである。右にあげたような労働と生活のなかには、自然があった。全人があった。自然と大地、動植物などへの、また人間に対する愛があった。神や仏もあった。これらのすべてがすべてとつながり合って、全体としての世界があった。これらの一切が、人類の根源的な倫理性、根源的な人間性を育んでくれたことであろう。今日においてもある程度、人間性の根源活動を教育に導入する必要がある。人間は全体であり、生活も全体であることを、生活と結びついた形で根源活動を通して体験的に学ばせるべきであろう。ペスタロッチーの「生活が陶冶する」とは、永遠の真理であろう。

根源活動は現代の職業と無縁ではない。それどころか、労働能力の基礎・基本を養うことができる。右にあげた古代からの労働に限らず、その他に編物や裁縫、日曜大工的な仕事、料理やパン焼きなども、少なくとも子ども時代には誰もが十分に経験しておくべきであろう。どれほど複雑な現代の機械でも、車輪や梃子などに見られる、まったく簡単なわずかな根本的な考えが基礎となっている。この基礎的なものが、一度はまったく直観的に学ばれる必要がある。いかなる職種であれ、自己の職業に喜びと誇りを持って生きている人であれば、また、本ものと言われる人であれば、誰でもかつて原始的な道具や原料の取扱いなどを通しての感動的体験から出発したものであると言えよう。単純なもの・基礎的なものから、つまり根源活動から出発した知識と技術のみが、職業能力の基礎にもなり、また魂の内部に働きかけ精神化されて真に実を結ぶのである。

第八節　内界覚醒への教育

究極的には、内界（良心）の覚醒にまで至らなければ、真に豊かな人間性は育まれないであろう。内界の覚醒とは、シュプランガーにあっては、内界で価値に目覚めることであり、内界で価値に目覚めさせることであると言えよう。内界で価値に目覚めるためには、家庭・郷土・学校生活のなかで、生い立つ者に心の底から揺り動かされるような深い「感動体験」がなくてはならない。もし感動と感激が起こらなかったら、教材の価値、共同生活と責任との価値、愛の価値、その他いかなる価値であろうと、子どもの魂の深奥にまで入っていくことはなかろう。いかなる知識や能力も、まだ人間性へとつながりえない。感動や感激が起こった場合には、それらは魂の根底にまで根を下ろし、しかも子どもはより高い価値へのあこがれをも心に懐くようになる。子どもの「価値体験能力」は深化する。これが、人間性のうちなる真に価値あるもの、いな何か神的なものをさえ育て上げる。

シュプランガーの内界覚醒の原理は、単なる「現世的なもの」に留まらない。「宗教・形而上的なもの」にまで深まる。したがって、先の「価値に目覚める」、もしくは「価値に目覚めさせる」という場合、それにはより高い「宗教・形而上的価値」も含まれている。シュプランガーによれば、「有用なもの、技術的なものは、常に結局は、はるかに高い価値、すなわち事物にではなくて、まったく魂そのものに所属する価値を目指す奉仕価値であるにすぎない。……要するに、魂が、究極的なものと最も価値高きもの、すなわち魂の、現世的なものへよりも神的なものへの関係がより多くそのなかで現われる聖なるものに出会うということ」が大切である。それは、内界覚醒の極致としての宗教的覚醒を意味する。誰も容易にその段階に達することはできないであろう。まして思春期以前の子どもは、なおさら困難である。しかし、その方向を目指しながら、より現世的な意味で「内面性を覚醒する」ことだけはできる。もし内界の覚醒を諦めてしまったら、喫水のない「中途半端な人間性」しか育成できない。今日求められている人間性の救済のためには、教育者が子どもの内面性を開くべき鍵を得るように努めなくてはならない。

本章の随所に、覚醒させる機会と方向を見いだす、あるいはそのヒントを得ることができるであろう。たとえば、静寂のなかでの自然や読書、愛で結ばれた子どもと親あるいは教師との交わりや対話などが、覚醒させる。子どもは愛されて愛することができるようになるのと同様に、愛されて愛に感動し、愛に目覚めることができるようになるであろう。親と教師の愛と情熱が、また誠実な生き方が、子どもの内界を覚醒させる。内容豊かな教材とそれを使ったみごとな授業に感動し、子どもの内界が覚醒する。全力を尽くした労働を通して、労働の価値に覚醒する。その他、際限なく浮かんでくるであろう。構造的にすべてがすべてとつながり合っている。そのつながりを全身全霊を傾けてじっくりと追っていくならば、方法論は少しずつ見えてくるであろう。これは単に内界覚醒についてだけでなく、本章全体、いな本書全体についても言えることであろう。

参考文献

林忠幸編著『新世紀・道徳教育の創造』東信堂、二〇〇二年。

シュプランガー著、村田昇・山邊光宏共訳『教育学的展望――現代の教育問題――』東信堂、一九九三年。

山邊光宏著『人間形成の基礎理論』東信堂、一九九五年。

ゲーテ著、関泰祐訳『ウィルヘルム・マイステルの遍歴時代』(中) 岩波書店、一九七六年。

リップス著、島田四郎訳『倫理学の根本問題』玉川大学出版部、一九六〇年。

長田新編『ペスタロッチー全集』（第八巻）平凡社、一九七四年。
細谷俊夫他編『新教育学大辞典』（第五巻）第一法規、一九九〇年。

第四章　畏敬の念への教育

はじめに

シュプランガーはゲーテの言葉を援用しながら、「畏敬とは、自然のままの感情でもなく、人間が生まれながらに持っている態度でもなく、よい教育がそれを人間のなかに早期に発生させなくてはならぬ」と言っている。しかし、畏敬がどういう意味かをみずから知っていない教育者は、それができない。

日本語とドイツ語のいずれの場合にも、「畏敬」(Ehrfurcht)という語は、「尊敬」という意味と「畏れ」という意味とが闘い合っており、相互対照的である。それは明暗の交錯、混合した感情、あるいは論理的矛盾を表わしている。また、畏敬は、日常的なものではなくて、神秘的なもの、不可思議なものである。こうした非日常的で不可思議なものは、現代人にとって色あせるばかりであるが、いつの世にも失われてはならぬ大切なものではなかろうか。畏敬はより高い形而上的世界から人間の内界に入ってくること、また神秘的なものとの出会いから生まれてくることを、教育者はもう一度想起すべきではなかろうか。

第一節　畏敬の客観的な面

畏敬の感情がそれによって生まれる、神秘的なものを、まず一応、外部から、客観的・対象的な面から考察したい。畏れを感じさせ、同時に尊敬の感情を起こさせるものは、いったい何か。

最初に、畏敬の対象としての人間について考えてみよう。健全な感性の人は、恐ろしい暴君などではなくて、真に尊敬に値する人物、あるいは高い人格しか尊敬したいと思わないであろう。その点では、客観としての尊敬あるいは畏敬に値する者と主観としての畏敬の感情との間には矛盾がない。にもかかわらず、畏敬を起こさせる対象は、ただ近づいてくるのではなく、距離をつくり、親密さや「お互いづくの態度」を許さない。だが逆に、その偉大さと尊厳は、人をひきつけ、魅惑する。

老人も、畏敬に値すると言えよう。老人における人生の苦悩や重荷と闘い終わった姿、したがってたとえただ人間としての全生涯が彼に刻み込んだ深いしわからだけでも、老人に対する畏敬の念は呼び起こされるべきものであろう。ましてそれ以上の積極的な価値を有している、円熟した高い人格の場合にはなおさらである。

老人の場合であろうと、高い人格の場合であろうと、その他誰の場合であろうと、問題は、人間が「究極的関係」において何であるべきか、ということである。人間の内奥で究極的なもの、最終的なものが感じ取られるからこそ、畏敬を起こさせるものが客観として存在するのではあるが、単に物理的なもの、空間的・時間的に広がったものの背後に距離を置いて横たわっている力を、シュプランガーは「形而上的力」と呼ぶ。畏敬の対象は、形而上的力を有する。とはいえ、シュプランガーによれば、「そうした力は、最高の人生経験者にとってさえ、依然薄明（Halbdunkel）のなかにとどまる。それとの気楽な親しさは許されず、むしろそれは、不気味なものと郷土的なものとの間でゆらめく、薄暗がり（Dämmerlichkeit）のなかに浮かぶ」。それは、半ば敬われ、半ば畏れられる。それは、人間生活の神秘であり、神聖なものである。「人間は、ギリシア人が»Aidos«と呼んだ、あの敬虔な畏怖（fromme Scheu）をもってのみ、その神聖なものに近づくことができる」。

ところが、このAidos、すなわち畏怖は「羞恥」（Scham）をも意味する。シュプランガーによれば、「恥ずかしく思う人は、自分が本来、また究極的にそうであるべきところのものと向かい合って、みずからの不十分さを痛感する」。ボルノーがその著『畏敬』のなかで、畏敬と羞恥の関係について詳述していることからも明らかなように、両者は密接不可分な関係にある。そうしてまた、畏敬の対象によってひき起こされる羞恥の感情からは、今日欠けてきている謙虚・謙譲の美徳が生まれるであろう。

人間の例としてもう一つ、畏敬の対象としての子どもについて考えてみよう。〝赤ちゃん〟を見て畏敬の感情を抱かぬ人がいるだろうか。いや、本来あらゆる子どもは、畏敬に値し、畏敬の感情を起こさせる。というのは、子どもはまさに「子どもとして」生の秘められた深みに由来し、したがって敬虔の念で見ずにはおれない「驚き」（Wunder）だからである。「簡単に言えば、おそらく一般的に、畏敬は人間の内なる何か神聖なものに向けられるということになろう」、とボルノーは言っている。われわれに何かが畏敬の気持を起こさせる時には、そこには常に何か神秘的で不可思議なものがあるというのである。人間生活のまぎれもない神秘に対する感覚が弱まれば、それだけますます畏敬を感じる力も弱まってしまう。

子どもであろうとおとなであろうと、人格は、その「志操の純粋性」（Reinheit der Gesinnung）のゆえに、またそれが

「神性にとらえられている」(Ergriffensein vom Göttlichen) ので、畏敬を受けるに値し、かつ畏敬の念を起こさせるのである。しかし、シュプランガーによれば、それはただ合理的に理解できるものではない。畏敬の念を起こさせる人間には、「いわば精神的力が貫流している。あるいは彼の魂のなかで、何かより高いもの、守護神、半神が神秘的な指導力として働くのである」。

さらに、畏敬の対象は、人格を越えることもある。単に事物的なものにも、われわれ主観の感じ方によっては、やはり精神的流れが貫流していて、それもまた守護神を持ちうる。しかしこれによって、「単なる事柄的形象は『象徴』になる。すなわち、精神的なものと物質的なものとが、そこにおいて意味深く合流する、意味の担い手になる」とシュプランガーは言っている。ギリシア語に由来するドイツ語の象徴 (Symbol) とは、元来「投げて一か所に集められたもの」を意味する。そうして、そこでは静かな人格化が行われる。そのようにして、われわれは国旗、建築物、絵画、楽器などシュプランガーのいわゆる「客観化された精神」に対して畏敬を示す。また聖なる山や川、神々しい樹木、歓喜あふるる渓谷などの自然界の事物も、畏敬の対象として存在する。「これらすべては、人間と事物には精神的に純化する流れが貫流しうる、という古代の思考方法なしには理解できないであろう」とシュプランガーは考える。畏敬を受けるに値するものと畏敬を与えるものとを、すなわち畏敬を起こさせる客観と畏敬の念を持つ主観とを、いわば同一の要素が結びつけ一つにする。つまり、「主観―客観の合一」が起こる。そうして、これは魔術的に作用し、しかも魔術的にわれわれをひきつけながら突き放し、魅惑させながら畏れさせ、高めながら謙虚にさせる。

ちなみに、ゲーテもその「教育州」のなかで、畏敬の三つの主要な対象を意図的に人格化はしていないのであり、非限定的な形で「われわれの上にあるもの」「われわれと同格で同等なもの」「われわれの下にあるもの」と呼んでいる。ここで三つの「もの」は、「者」をも含んだより広い意味を持っている。それゆえに、ゲーテの場合には、その訳語の表現も「者」ではなく、「もの」でなくてはならぬ。

しかも、これらゲーテの「もの」は、人格的なものをも含むが、しかし人格的なものという範疇だけでは汲み尽くせない本質、すなわち「神聖にして非合理的なもの」「道徳的・合理的価値を越えた本来のもの」「神秘的・宗教的なもの」などを意味すると言える。

第二節　畏敬の主観的な面

畏敬を起こさせる対象について一通り考察したところで、次にわれわれは、一応この精神的態度自体の特徴づけへと、それゆえに客観的な面から主観的な面へと論を転じることにしよう。

最初に「崇高美の体験」から生まれる畏敬の念について考えてみよう。崇高美もしくは崇高なるものの体験を通しての畏敬の念には、あるいは自然界のなかで、あるいは歴史のなかで、あるいはまた芸術的想像から生まれた世界のなかで呼び起こされるものなど、さまざまなものがあるが、ここでは雄大な山々を見るという単純な場合を、例としてあげてみたい。最初われわれは、圧倒され、打ち負かされ、押しつぶされると感じる。しかし次に、別の偉大な精神的力をわれわれは自己の内部で実感する。内的自己保存の衝動がうまく働く。しかも、外的に大きい事物の印象と自己自身の内なる胸の「驚き」とが、等しい背景、つまり神的根源力において合流することを、主観と客観との一体感として、われわれは予感するであろう。こうして、初めはわれわれを圧迫しようとも、後でわれわれを高め、高揚させる崇高な感情がかき立てられる。これが、畏敬の念であると言えよう。畏れが、畏敬の最後の言葉ではない。怖《お》ず怖《お》ずした共感、体験された巨大な事物への心を引かれる自由な崇敬が呼び起こされる。そこで、われわれは事実、押しつぶされるのではなく、逆説的に純化される。その際、感動や感激が起こる。これが、あの「内界の覚醒」、あるいは「良心の覚醒」を生み出すと見て間違いない。

次に、「運命」に対する畏敬の念について考えてみよう。運命は過酷できびしく、予測しがたいところも多いので、人間が運命を畏れるのは、当然のことであろう。しかし、人間は、ただ運命を畏れ、運命に押しつぶされるだけではない。運命を崇敬することもできる。たとえ悲運との遭遇であろうと、いなそうだからこそ、かえってそれが実り豊かな、清める働きをし、人間を高め深めてくれるであろう。シュプランガーによれば、「運命の背後には、聖なる力の予感が横たわっている。もしわれわれが苦悩と悲しみに打ちひしがれてしまったなかで、それに出会わなければ、われわれはそれを知らないであろう。われわれは、その力を崇敬しながら、こうした逃れられぬ苦悩に対して、〝これでよし〟(Ja)と言う。ただこのようにしてのみ、われわれは挫折から、運命に深く精通した人間の偉大さへと高まる」。

もしニーチェ(Nietzsche, F. W., 1844 ~ 1900)に言わせるとしたら、それは「運命への愛」である。ニーチェの考えによれば、人間が運命に対してとる態度は、これに忍従するか、反逆的にこれを乗り越えていこうとするかのいずれかである場合が多い。しかし、自己の運命を深く見つめ、自己自身が運命にほかならぬことを知ることができれば、運命をみずからのものとして、愛をもって受け入れることができるはずである。深い愛によってのみ、人間はみずからの運命と一つになり、これにあやつられたりいたずらに反逆的な闘争をする境地を脱して、より高い真の存在へと高まりうるというのである。こうした「運命への愛」であろうと、「運命に対する畏敬」であろうと、それらがいったん魂を貫流するならば、魂の内なる「魔術的な変化」が起こり、人は別人になる。つまりより善きもの、より純粋なものになる。

しかし、なぜか。それは、人が前述したような悲運と不安のなかで初めて、自己に目覚め、自己自身の内なる本質の形而上的基盤を悟るからである。そこでは、普通の日常的な生活ではほとんど感じられない、魂の深層が沸き立つであろう。魂の魔術が起こるであろう。

単に運命に対する畏敬の念のみならず、一般に畏敬の念は、シュプランガーやゲーテのあの「現世的敬虔」（Welt-frömmigkeit）に属し、それと密接不可分の関係にある。それゆえに、畏敬の念は、現世的敬虔を意味し、単なる日常的・地上的世界以上の何ものかに対する信仰であると言えよう。われわれは、所与の世界と運命を超克して、世界の意味や生の最高価値を求めていかなくてはならぬ。しかし、そのための力は、内的なものの革命、つまり魂の内なる「魔術的な変化」からのみ生まれてくる。もちろん、これによって魂は、自然界や物理学の法則を変えることはできない。信仰、もしくは畏敬によって、たとえば死者が蘇生することはありえない。あるいは、山を動かすことも、洪水を防ぐこともできない。近代人にとっては、外的な魔術はもはや存在しない。しかし、「外的対象における変化ではなく、主観の内なる変化をひき起こすものとしての『魂の魔術』（Magie der Seele）は今でも存在している」と『魂の魔術』の著者シュプランガーは言う。この魔術によってわれわれの魂は内的な力を獲得し、これによってわれわれは、所与の世界と運命を克服することができるであろう。魂の魔術は、消極的なものから積極的なものを、すなわち懐疑から確信を、闇から光を、無力から力を生み出す。それは、いかなる逆境と禍、不幸と苦悩にもかかわらず（dennoch）、禍を転じて福となすことができる。

魂の魔術も、形而上的な体験を通して、個々人の内面の深部で起こる。また、魂の深部で形而上的なものと出会う人のみが、畏敬の念を持つことができる。

それゆえに逆に、運命に対してであろうと、崇高美に対してであろうと、高い人格に対してであろうと、畏敬の念を持つことができない人間とは、「空間的・時間的に作用する世界という水平的次元においてしか生活を営まないような人」のことである。人が生活の垂直的次元を発見することこそが、形而上的感情や畏敬の前提である。

第三節　畏敬の念への教育

先に見たように、子どもは、畏敬の対象ではあるが、自分自身だけで、またひとりでに畏敬の念を持つことはできない。教育が必要なのである。それゆえに、ゲーテは、子ども時代に畏敬を少なくとも萌芽として形成すべきである、と考えたのである。彼の「教育州」における教育の最大の眼目は、広義の宗教としての現世的敬虔であり、そうしてそれと一体のものとしての畏敬こそが、彼の教育思想の中心に位置する。それゆえにか、「教育州」で教え子たちに課せられる最も重い罰は、何と畏敬を表わす資格を奪われることであった。つまり、畏敬を表現する挨拶やふるまいを禁止することであったのである。

われわれもゲーテやシュプランガーに学んで、合理的合目的的な態度、成功の追求などは、人間の使命を汲み尽くすものではないことを、子どもに直観的にはっきりわからせることが大切である。運命、苦悩、愛、生命、死などの神秘が、子どもに意識されるようにならなくてはならない。それらには、畏敬に満ちた響きがあることが、子どもに感じ取られるようにすることが求められる。畏敬の念の教育は、単なる知識の教育、あるいは単なる実際生活のための教育とは別のもっと深い意味において、生産的である。まさに畏敬の教育とは、良心の教育と同様に、最も深い、また最も本質的な意味における人間形成を意味すると言えよう。

しかし、ボルノーに従えば、「畏敬とは、本来教えることのできないものであり、尊いものとのふれあいによってしか知ることができないのです」。そうだとすれば、まず教育者が、畏敬に値する人間になることが大切である。そうして、その教育者が、子どもに畏敬の念を呼び起こすその他のさまざまな人物や事物に出会わせることが求められる。

従来、教育者の徳としては、しばしば「愛」と「尊敬」と「信頼」が力説されてきたが、畏敬も加えられるべきであろう。最初に親や教師にいわば「畏敬の徳」があり、これによって次に彼らと子どもたちとの間に、相互に畏敬し畏敬される人間的な関係が育ち成立していくことが大切である。子どもたちは畏敬に値し、また同時に自分たちを畏敬してくれる親や教師とふれあい交わることを通してこそ、自分たちの内部にしだいに畏敬の感情を育んでいくことができる。しかも、そこからその他のさまざまな、なくてはならぬ感情が育まれる。

まず、子どもは畏敬できる親や教師に対しては、内的服従という意味において、「従順」となることができる。外的強制がなくても子どもみずから、従わずにはおれないから従うという意味におけるこの従順は、愛、尊敬、信頼などからも生ずるが、畏敬からも生ずるのである。

また、従順と一体となっている「感謝」の念も、単に愛からだけでなく、畏敬の念からも起こってくると言えよう。

しかも、従順と感謝は、「謙虚」をも生む。ペスタロッチーのあの「愛→信頼→感謝→従順」と共に、「畏敬（尊敬を含む）→信頼→感謝→従順」の道もあることを、われわれはよく知っていなくてはならない。

ところで、畏敬に値する教育者が、子どもの前にいて子どもに接することにより、子どもの内部に畏敬の感情を呼び起こすとは、つまり目覚ますことではなかろうか。「畏敬は、一つのより高い感性（ein höherer Sinn）であって、人間の天性に加えられなければならぬものであり、……」というゲーテの言葉に対して、シュプランガーは「それが『加えられうる』というような言い方は適切でない。それは、ただ目覚まされうるだけである」と言っている。それゆえに、シュプランガーによれば、畏敬の教育も、覚醒によるほかないのである。まさに彼が力説するように、「教育とは常に覚醒である」。

畏敬の念の覚醒をも含めて、覚醒一般に対する「教育的風土」（pädagogisches Klima）や「教育的雰囲気」（pädagogische Atmosphäre）を、シュプランガーは重視している。これは、一種の「人間的環境」であり、たとえばボルノーがその著 **Die pädagogische Atmosphäre** で詳細に論じている「教育を支える人間学的前提」としての愛、尊敬、信頼などの雰囲気のようなものである。それらに、畏敬の雰囲気も加えられるべきである、と筆者は考える。そうしたあるいは人間的な、あるいは一種宗教的な雰囲気が、教育者とその周囲にみなぎっていたならば、それが畏敬の覚醒であれ、良心の覚醒であれ、覚醒の契機になることであろう。

ところが、そのような雰囲気は、しばしば人と人との「交わり」によって生み出されるものである。交わりが雰囲気を生み出し、雰囲気が交わりを促す。たとえば、愛の交わりが愛の雰囲気を生み出し、愛の雰囲気が愛の交わりを促す。同様に、畏敬し畏敬されるという相互畏敬の交わりが畏敬の雰囲気を生み出し、これが畏敬の交わりを促すのである。すばらしい循環が生じる。こうした交わりが、精神的覚醒にとっては重要な役割を果たす。客観的・規範的な精神内容を媒介にした交わりの行為を通して、畏敬に値する教育者は被教育者の畏敬の感情を覚醒させることができる。また、教育者の全人格が被教育者に深い影響を与え、しかも交わりのなかでのみ「典型」(Vorbild) が体験される。こうした畏敬の念で仰ぎ見ずにはおれない典型（模範）とのすばらしい「出会い」について、シュプランガーは言っている。すなわち、「なかんずく知っておくべきことは、自分の典型となり、自分を理解してくれ、かつ自分の最高の可能性を映し出してくれているような人物に、若い人間が出会うかどうかに以後の健やかな全発達がかかっている、そうした時期があるということである。そのような出会いは、教育における聖なる瞬間である」（傍点は筆者）と。これも、確かに、良心や畏敬の感情を覚醒させることができるであろう。畏敬の念の教育においては、教育者の果たす役割が特に大きいのである。

それでは、畏敬の念の教育と現代の文化的・社会的環境の問題は、どうであろうか。畏敬の念の教育も、子どもの誕生と同時に始まり、子どもはきわめて幼い時からみずからをとりまいている自然や社会や文化によっても教育される。それらは、まるで空気のように子どもに作用し影響しているが、それらが子どもに及ぼす影響力は、きわめて大きい。

しかし、今日多くの環境は、畏敬という感性の目覚めを妨げている。自然の喪失とそれにとって代わった刺激の洪水、忙しさと落ち着きのなさ、静けさと沈思の喪失などは「心の底から揺り起こすようなまことの感動体験」を困難にしている。教育における静寂と沈黙の効果性が、もう一度見なおされる必要がある。まず幼い時から子どもに、物理的にも精神的にも本当に静かな環境と雰囲気のなかで、自己に沈潜させ、自己自身についての「瞑想的な驚き」を体験させなくてはならぬ。そうすればやがて人間は、あらゆる他の畏敬がそれに由来し、逆にあらゆる他のものがそれへと流れ込む、ゲーテのあの畏敬、すなわち「自己自身に対する畏敬」を感じることができるようになるであろう。

シュプランガーによれば、これは、「アルベルト・シュバイツァーらが考えたような、生命一般に対する畏敬にきわめて近い」。そうしてまた、シュプランガー自身の畏敬の概念にもきわめて近い、と筆者は考える。そうだとすれば、三者のいずれの思想においても、神秘的なものから現われ出て、探究しがたいものへと消えうせるあらゆる生命は、神聖そのものである。われわれは、そうした生命を尊厳すべきである。ここでは畏敬は、身体的・精神的生命そのものに対する畏敬であり、高い人格や偉大なものにも、自己および自己と同等なものにも、また取るに足りぬと思われているものに対しても同様に作用する。いな、取るに足りぬと思われているものに対してこそ、かえってより純粋に現われるとも言えよう。

参考文献

シュプランガー著、村田昇・山邊光宏共訳『人間としての生き方を求めて――人間生活と心の教育――』東信堂、一九九六年。

長井和雄著『シュプランガー』牧書店、一九五七年。

シュプランガー著、林昭道著訳『国民教育を支えるもの』「ゲーテ――その精神世界――」明治図書、一九八六年。

ゲーテ著、関泰祐訳『ウィルヘルム・マイステルの遍歴時代』岩波書店、一九七六年。

ボルノー著、森田孝・大塚恵一訳編『問いへの教育』川島書店、一九七八年。

第五章　親と教師

第一節　親と教師とに必要な基本的諸条件

1　子どもを愛し、子どもが愛する親と教師

親や教師が子どもを愛し、子どもの側にもそれに応ずる愛が生じて、相互に愛し愛される人間関係がなかったならば、およそ教育の成功は望めないであろう。これは、教育を可能ならしめる不可欠の前提なのである。

愛は、これを人間的な相互関係として把握する必要がある。ゆえに、ボルノーが試みているように、教育者（ボルノーにおいても、筆者においても親と教師を共に含む）の側からの考察と同時に、子どもの側からの考察もなくてはならない。

しかし、まず最初に、学校教師の側から考えてみよう。

シュプランガーも、あるいはケルシェンシュタイナーも明らかにしているように、真の教師は生の類型上「社会的人間」、すなわち他の人のためにのみ生きる、愛の精神の人に属している。ペスタロッチーのような教育的天才の名に値する教師は、たとえようもないほど深く温かい愛によって人間を理解する人であり、またそのような愛に満ちた心で、教育を考え、かつ実践する人である。ケルシェンシュタイナーは言う。すなわち、「真の教師の生活を支配す

る法則は、人間に対する純粋な愛情である。彼を根本的に動かすものは、学者のように認識でもなく、芸術家のように造形でもなく、現に生きている人間に対する純粋な愛情である」と。こうした精神に欠ける者は、いかに教育学の理論にたけていても、またいかに優れた教育技術を持っていても、理想的な教師ではない。

次に、家庭に目を向けよう。他がためにのみ、子どものためにのみ捧げる愛、捧げようとせずして自然に捧げる愛は、何といっても母親において最も顕著に現われる。

ペスタロッチーは言う。「母は子どもを育くみ、養い、守り、そして喜ばせずにはおれない。彼女はそれ以外のことはできなくてそうする。まったく感性的な本能の力に迫られてそうする。母はそうして子どもの要求を満たし、子どもにとって不快なものを遠ざけ、何もすることのできない子どもを助ける。子どもは育くまれ世話されて、喜び、愛の芽は子どもの心のなかに成長する」と。これによって理解できるように、母の温かい愛に対して、子どもも愛で応え始める。子どもは母を愛し、母に愛着し、母を大好きになる。たとえ、母が愛し返されることをまったく期待していなくても、いや期待していなければこそ子どもは愛で報いるのである。

右のような母子の間におけるお互いに愛し愛される人間的な関係は、図式的には、学校教師と子どもとの間における愛の関係についても、適用できるのではなかろうか。先に見たような、ただただ子どものためにのみ生きる愛の教師に対しては、子どももまた、特別の愛で応え始める。子どもは教師を愛し、教師に愛着し、教師を大好きになるであろう。程度の差こそあれ、これは、普通の教師と子どもとの関係についても言えることである。ごく平凡な教師であってもよいが、少なくともせめて「子ども好き」でなくてはならない。相手が年齢の低い子どもであればあるほど、なおさらそうである。子ども好きの教師は、ほとんど間違いなく、子どもに好かれる。そうして、幼稚園や小学校で子ども好きの教師をよく見てみると、まず一人の例外もなく、教師自身があたかも子どもそのもののようである。「子どものような教師」、何とすばらしいことだろう。このような教師であってこそ、子どもを教育しうるのである。

ところで、互いに愛し愛される関係は、互いに信頼し信頼される関係をも、生じさせることになろう。信頼が「信じ」「頼る」という意味だとすれば、子どもは、自分を愛してくれていない者、ましてや自分を憎んでいる者を、どうして信頼することができるであろうか。相互に温かい愛の関係があるところ、そこではまた、ゆるぎない信頼がお互いをつないでいる。愛するがゆえに、信頼できるのである。

2　子どもを信頼し、子どもが信頼する親と教師

親、もしくは教師と子どもとの相互の信頼関係がなくなってしまったら、家庭教育にせよ、学校教育にせよ、およそ教育は不可能であろう。この信頼の問題を、まず親や教師の側から、考えてみたい。

ボルノーも言うように、「子どもは、教育者が彼について描く像に従って、また教育者が彼のなかにおく信頼に応じて、みずからを形づくる」のである。すなわち、親や教師が子どもを信用し、子どもは正直ですなおであり、また意志も強く必ずや物事を最後まで成し遂げることができると信じるならば、子どもはこうした信頼に応えて、実際に信用のできる、正直な、意志の強い子になるのである。

しかし、逆のことも起こりうる。親や教師が、子どものなかに悪しきものがありはしないかと邪推すると、この邪推によってその悪しきものが事実子どもに呼び起こされて、子どもは実際に、愚鈍で怠惰で嘘つきになったりする。疑い深い親や教師が邪推したとおりになってしまう。そうして彼らの不信に対しては、子どもも不信で応え、不信が

不信を生み悪循環はとどまるところを知らない、といった状態になるであろう。

しかしながら、たとえいかに子どもを信頼していたとしても、それが永続することはめったにない。乳幼児期はともかくとして、以後子どもの年齢が加わるにつれ、信頼はとかくこわれがちである。子どもが期待どおりの進歩をしなかったり、反抗期に入ってひどく反抗したり、あるいは親や教師が信じていたのとは似ても似つかぬものになってしまったような場合には、親や教師は幻滅し、信頼はこわれてしまう。このこわれた信頼の回復こそ、教育上の根本問題なのである。というのは、信頼がまったくなくなってしまったら、およそ教育は不可能だからである。

だからといって、「盲信」は子どもを台なしにしてしまう。わが子を「盲愛」もしくは「溺愛」する多くの母親たちに見られる、この盲信は、子どもたちに容易に見ぬかれ、悪用されるだけである。つまらないことでだまされることと、信頼することとはわけが違う。子どもたちの単なるわがまま、我欲、利己心などが見えなくなり、これらにだまされ振り回される信頼は、教育的信頼でない。ボルノーも言うように、「真実の教育的信頼は、盲目的ではない。本当の教育者は、子どもを、そのすべての人間的な弱点において、悪へのあらゆる傾向とともに、きわめて明確に見つめる」のである。そこには、子どもの欠陥や利己心についてのリアルな認識がある。

さて次に、子どもの側からの親や教師に対する信頼について、考えてみよう。子どもの信頼の感情は、最初、家庭のなかで芽ばえる。とりわけ、幼子の母親に対する信頼こそ、その後のすべての信頼の基礎なのである。わが子への母親のあまりにも深く温かい愛と、絶対的な信頼とに対して、幼子もまた、絶対的な信頼で応える。この信頼関係こそまさに、すべての健全な人間的発達とあらゆる教育とにとって、まず第一の不可欠な前提なのである。だから、この母子の信頼関係が欠けている場合には、たとえどんなに頭をひねって考え出されたいかなる教育的方法といえども、まったく役に立たないであろう。まことの人間形成は、単に方法や技術によってではなくて、各人が相互信頼の関係にあるということを感じる、人間と人間との生き生きとした接触を通してこそ行われうるのである。

母親への信頼の最初の芽は、ペスタロッチーも教えてくれているように、子どもの発達段階に応じて漸次、父親、兄弟姉妹、教師、そして広く人間一般へと拡大していくのである。しかし、このように拡大すればするほど、母親と父親への信頼は、絶対的なものでなくなり、相対化し、弱まっていくのである。

両親への無条件の信頼は、やがてある年齢段階に達すると、教師への信頼にとって代わられる。子どもにとって教師が両親以上の存在、両親よりも優れていてすべてをもっとよく知っている人、より尊敬と信頼に値する人物となってくる。しかし、子どもがより高い発達段階に達し、独立性、自立性が増してくるにつれて、教師に対する絶対的信頼も崩壊してくるのである。このように、親と教師への全き信頼は、実は初めから無常の芽をはらんでいるのであって、まさに信頼の全幅性こそ、これが失われざるをえない理由なのである。というのは、まず両親の、次に教師の人間的な不完全さがわかってくるからである。

とはいえ、幼い時代の根源的な信頼関係は、どんなに子どもが成長し、自立性が発達しても、決して完全に消滅することはなかろう。それはただ、相対化し、薄められ、一般化されるにとどまる。したがって、幼児期、児童期における親と教師に対する信頼が、本当に真実のものであったならば、それは、その後の段階に及んでも何らかの意味で保持され続けることであろう。

3　子どもに感謝され、子どもが従順に従う親と教師

愛は信頼を呼び、愛と信頼とは、子どもの内部に「感謝」の念を呼び起こす。感謝の芽もまた、最初、幼子と母親との関係から育まれていく。この世の誰にもまして、自分を愛し思ってくれている母親に対して、子どもはごく自然に感謝の念を抱くことができる。ペスタロッチーは言う。「子どもが要求するたびに、母はその揺り籃に急いでいく。ひもじいときにはそこへ行き、渇いた時には飲ませてやる。母の足音を聞けば、子どもは静かになり、母を見れば、手を差し延ばす。母の胸に抱かれて、子どもの目は輝き、子どもは満足する。母ということと満足ということとは、子どもにとってまったく同じと考えられる。――子どもは感謝する」と。

そうして、続いて「愛情と信頼と感謝との芽は、たちまち広がる。子どもは母の足音を知り、母の影に微笑み、母に似た者を愛する。母に似た者は、彼にはよいものだ。子どもは母の姿に向かって微笑み、人間の姿に向かって微笑む。母が愛する者は、子どももまた愛する。母が腕に抱く者は、彼もまた抱く。母が接吻する者には、彼もまた接吻する。人間愛の芽・同胞愛の芽は、子どもの心のなかに成長する」と述べている。こうして、愛と信頼と感謝との感情は、母親から始まってしだいに、父親や兄弟姉妹へと、そしてやがて隣人、教師、人類一般へと拡大していくというのである。

ところで、感謝の気持をもって、親や教師に対することによってのみ、心の底から従わずにはおれない、自由で純粋なまた無理のない「従順」が生じてくる。「お母さんありがとう」「先生ありがとう」という気持が、おのずと子どもを従順にさせる。この意味における従順は、内的服従のことであり、この服従は、どんなに時代が変わってもなくてはならないものである。このような従順も、感謝と同様に、教育に不可欠な前提である。親や教師に対する従順と感

謝との気持がまったくない子どもは、教育することができない。子どもに感謝され、その結果として子どもが、従順に従うことができる人物であること、これも親と教師とに必要な基本的条件の一つである。子どもの側に、感謝も従順もない時に、親や教師の教えがどうして子どもの魂の内奥にしみ込むことができるであろうか。

　感謝と従順とについてもやはり、右に試みたような子どもの側からの考察のみならず、親や教師の側からの考察もまた、不可能ではなかろう。信仰心の厚い、もしくは一種宗教的な親や教師は、神からの賜物としての子どもの存在そのものに対して、感謝することであろう。またたとえば、ある教科を人一倍苦労して指導した教師に対して、指導を受けた子どもが感謝し、同時に、その指導のために成績が上がった子どもに対しても、「よく頑張ってくれた」と教師が感謝することもあろう。子どもの人間的な長所、優れた諸能力、諸々の懸命な努力などについては、すべて子どもに感謝し、逆に子どものいろいろな短所や欠点、成績不良などについては、これらをすべて自分自身の不徳の至りであると心得ることができる親や教師は、最高である。このような親や教師に対しては、子どももまた、感謝し返すであろう。決して親も教師も、一度としてそれを要求することはないにもかかわらず、いやまさに要求しないからこそ、そうなのである。

　従順についても、親や教師の側からの考察が可能ではなかろうか。もちろん、子どものわがまま、利己心、気まぐれなどに対しては、断じて従順であってはならない。しかし、発達段階などから吟味してみて、もし真に正当な要求や欲求、望ましい希望や夢などであれば、おとなはこれらを認め、これらに対して従順でなくてはならない。ルソー以来明らかなように、子どもには子どもの世界があり、「子どもは子どもの世界のなかで生きている」のだから。

　この言葉の真の意味を正しく理解した上で、親や教師は、もちろんきわめて慎重にではあるが、子どもの認めるべき点は認め、子どもに従うべき点には従わなくてはならない。しかしこれは、子どもの言いなりになれという意味では断じてない。子は親に従い、親は子に従う、また子どもは教師に従い、教師は子どもに従う、という相互従順こそ望ましいのではなかろうか。

ところで、親や教師に対する子どもの感謝と従順との感情が、絶対的、無条件的でありうるのは、幼い時代だけである。一般に、親に対しては幼児期、教師に対しては児童期の中頃までだろう。その後、子どもがより高い発達段階に達し、自立性が発達してくるにつれて、絶対的な感謝と従順との感情は、崩壊もしくは相対化してくるのである。こうした過程は、思春期において最も顕著に現われ、それはそれなりに意味もあり、また必然的なことでもある。

そうした時期に、感謝の念がないということは、必ずしも悪いとは言えない。身体的にも精神的にもかなりのところまで発達してきたために、独立的・自立的に生きたい、他の誰からもお陰をこうむりたくない、という気持が特に強くなり、その結果必然的に感謝の念も欠けてくるからである。ボルノーも言うように、「不従順もまた、単なる欠点ではなくて、自立的かつ自己責任的な生活を獲得するためには、必ず通過しなければならない過渡的段階なのである。しかも、成人でさえ、より深く責任をとるために不従順への決断を迫られる事態に立ちいたることがまれではない」のである。単にすなおなだけでは、まだ十分でない。主体性がなく、自分というものを持たないままに、ただ「ありがとう」「はい」が言えるだけでは頼りない。否定と葛藤とをくぐりぬけてこそ、より高次の価値、ここでは、より高くてより真実な感謝と従順とが、生まれるのではなかろうか。「盲信」と同じように、「盲従」も好ましくないとすれば、私たちは、反抗期の意味をむしろ積極的に認めることもできるであろう。

しかしながら、いかに反抗期であっても、幼い時代に育まれた感謝と従順とのあの根源的感情は、あとかたもなく崩壊し去るものではなかろう。決して完全に消滅してしまうことはなかろう。この問題については、先に「信頼」に関して述べたこととまったく同様である。

4　子どもを尊敬（畏敬）し、子どもが尊敬（畏敬）する親と教師

親や教師と子どもとの間に、相互に尊敬し尊敬される、あるいは第四章で述べたように、畏敬し畏敬される人間的な関係がなかったならば、これまた、教育の成功は望めないであろう。「愛」と「尊敬」とが一切の源流であり、両者は「信頼」へ合流する。そしてこれが「感謝」と「従順」を生み出す。尊敬（畏敬を含む。以下同様）も、愛や信頼などと同じように——ただし、尊敬の場合は、必ずしも尊敬されるから尊敬するのではない。ここが愛や信頼と異なる。愛においては、愛されることが原因になって、愛することがしばしばある。信頼についても同様である——、それを人間的な相互関係として理解するのがよい。まず最初に、親や教師の側から考察を始めよう。

エマーソン（Emerson, R. W., 1803～1882）はかつて、「教育の秘訣は児童を尊重するにあり」と言った。親や教師は、ただ子どもの存在のみならず、さらに子どもが持っている意味と価値をも、認める必要がある。子どもの有する、もしくは子どもの内部に秘められている意味と価値とを認めることができ、それらに対して確信を持つことができるならば、必然的に、子どもを尊重せずにはおれなくなる。これが尊重である（「尊敬」でもよいが、教育者から子どもへの方向の場合には、「尊重」がより一般的である）。

一般に、愛は温かく主観的であるが、尊重もしくは尊敬は、冷静かつ客観的である。すなわち距離をとって、子どもの有する意味と価値とを客観的に見ることを意味する。愛はとかく、「好き」という主観的感情と結びつきがちであ

るから、どのように努力しても愛せないこともある。しかし、真に子どもの意味と価値とを理解し、とらえることができれば、おのずから尊重の念は湧いてくる。ルソー、フレーベル、デューイ（Dewey, J., 1859～1952）、あるいは現代の「児童学」が明らかにしているように、子どもはなるほど幼くて未熟ではあるが、決して単に弱いもの、憐れなもの、劣ったもの、価値低きものではない。

次に、子どもの側からの考察に移ろう。子どもの親や教師に対する尊敬も、家庭教育にしろ、学校の授業にしろ、およそ教育が成功するためには、欠くことのできない前提条件なのである。子どもは、親や教師の広い知識、優れた技術と能力、いやそれ以上に人間的な偉大さに対する尊敬の念を持ちたいと心ひそかに願い、欲し、求めている。ボルノーも言うように、これも、一種の「子どもの欲求」である。親や教師は、この欲求を心ゆくまで満たしてやらなくてはならない。自分をはるかにしのぐ親の勤勉さや豊かな人間性、あるいは自分の理解力をはるかに越えている教師の知識の広さと深さ、またその人格からにじみ出る誠実さなどに対する子どもの尊敬の念が、親や教師から進んで意欲的に学び取ろうとする感情を奮い立たせ、かつこれを支えるのである。子どもは、尊敬できる親や教師のもとでのみ、真に喜んでその教えを受け入れることができるのである。

したがってまた、子どもは尊敬できる親や教師に対してこそ、あの内的服従という意味において、従順となることができる。外的強制がなくても子どもみずから、従わずにはおれないから従うという意味におけるこの従順は、先に述べたように、愛からも生ずるが、尊敬からも生ずるのである。一般に、年齢が低ければ低いほど愛から、高ければ高いほど尊敬から生ずる度合いが大きくなるようである。また、先に述べた「感謝」も、愛のみならず尊敬からも生まれてくると言えよう。

家庭教育と学校教育とのあらゆる分野にわたって、大なり小なり、親と教師に対する尊敬に支えられていないものはないが、特に「道徳的な教育」については、その度合いがきわめて大である。子どもが親や教師に尊敬の感情を抱く時には、尊敬できる人物である彼らの期待に応えたい、あるいはまた彼らに認められたいという欲求なり願望が、子どもの内部に生ずる。そしてそれは、必ずや子ども自身を人間的な向上に向かって発奮努力させる強力な刺激と原動力になるであろう。そうして子どもは、親や教師の物の見方や考え方、生活態度、価値観、人生の理想などを真に喜んでみずからの「模範」あるいは「典型」とせざるをえなくなり、かつそれらに自己を同一化せずにはおれなくなるのである。子どもは、尊敬できる親や教師とのふれあいを通してこそ、そのような親や教師を真に内心から模範にすることによってこそ、自己を発達、向上させることができる。とりわけ、道徳的、人間的な面について、そうなのである。

5　子どもに正しい期待をかける親と教師

かつてクラーク（Clark, W. S., 1826 ~ 1886）は、札幌を去るに及んで、学生たちに次の有名な言葉を遺した。

「少年よ、大志を抱け！（Boys, be ambitious !）されどそは金銭のためならず、己が勢力を広げるためならず、はたまた人の世のはかなき名声のためならず。人としてあらねばならぬすべてのものを成しとげんがために、よろしく大望あれ！」（『教育人名辞典』理想社）

このクラークの離別の辞には、青少年に対する絶大な期待が込められている。絶大な期待あればこそその言葉である。この期待に応えるべく、当時の青少年は、文字どおり全力を尽くした。そしてそのために実際、彼らは知的にも、技術的にも、人間的にも大きく自己を発達、向上させえたのである。今は時代状況が異なるので、クラークの言葉は、現代的に解釈されなおされなくてはならないとしても、やはり今の時代にも通じる真理を確かに含んでいるのではなかろうか。

もし親や教師の期待がなかったならば、子どもは、生まれながら内に秘めている諸可能性を現実化することも、いろいろな能力を発達させることもできないであろう。親も教師も、子どもにはきっとすばらしい可能性が秘められていると確信し、子どもに期待しなくてはならない。たとえ子どもがこれまでに行ったことがない新しい課題であっても、これを成し遂げることができる、と期待するのがよい。必ずしも確実にできるとは思えない場合でも、「君ならやれるだろう」と言うのがよい。

もちろん、そのような先き取りには、限界があることを知っていなくてはならない。期待過剰になって、度の過ぎた努力を子どもに強要してはならない。そのようなことをすれば、子どもは期待についていけず、まったくやる気をなくし、課題を中途で放棄してしまう。

だからといってもちろん、ボルノーも示唆しているように、親や教師はその点についてあまりに臆病になる必要はないのである。というのは、子どもの成長への衝動は成長し続けており、したがって自分自身と自分の諸能力との発達に対する親や教師の期待（ボルノーはこれを、「期待」ではなく「信用」と言う）を願い求めているからである。彼らの期待によって、子どもは鼓舞激励されているのだと感じ、内発的な積極性をもって厳しい要望さえも引き受けるようになる。その要望に応えることが、子どもにとって喜びでもあり、誇りでもあるからである。本来、子どもは、自分の諸能力を為しうるぎりぎりの限界まで試そうとするし、また試さずにはおれない自然な願望を持っているものなのである。これも、一種の「子どもの要求」と見ることができるが、そうした子どもの願望なり要求を心ゆくまで満たしてやるためにも、親や教師は時には、子どもをその能力の限界いっぱいまで引き上げる努力をし、愛を裏づけにした厳しい教育をもって彼に臨むこともなくてはならない。

しかしながら、どう見ても無理な期待、つまり子どもの発達段階、能力、個性などに全然合わない期待はしてはならない。親や教師の自分本位の誤った願望、けちな利己心、間違った虚栄心、またクラークも先の引用文で戒めている世間的名声、あるいは第二章で考察した外的名誉などのために、たとえば、子どもに特に卓越した業績を上げることを期待したり、また親の職業や家業を受け継ぐことが子どもの個性と能力にまったく合わないのに、もしくは合うか合わないかはまだまだ先になってみないとわからないにもかかわらず、それを強要したり、あるいはまた親のついに果たせなかったエリート・コースへの夢を、子どもに是が非でも実現させようとすることなどは、すべてはき違えられた期待なのである。そうした場合、子どもは不当に抑圧されていることを感じ、それら誤った期待をする親と教師に対して、敵対、疑惑、不信感で応える。相互の信頼関係は、まったくこわれてしまう。子どもは尊重されなくてはならないのであるから、決しておとなの不当な目的、間違った虚栄心と名声欲に利用されてはならない。

なお、期待についても、子どもの側からの考察も必要であろう。親と教師に対して子どもが寄せる期待をよく理解して、その正当なものについては、これを真剣に受けとめてやりたいものである。また親や教師は、子どもの期待に応えられるだけの、豊かな学識と教養、誠実さと高い人格、優れた教育技術（これは親には必ずしも必要ない）などを有していなくてはならない。

しかし、未熟な教師、無学な親であってもよい。完成されていること以上に大切なことは、不断に若々しく成長し続けることではなかろうか。親も教師も、常に精神的な若さを失わずに日々新たに成長、もしくは向上し続けなくてはならない。しかしこれは、自分みずから自分を教育することによるほかない。「若さと不断の自己教育」、これこそまさに、親と教師とに対して子どもが、常に強く期待し続けているものなのである。そして、この期待に応えることができる場合には、子どもの親や教師に対する尊敬も格別に高まるのである。

6　子どもを待つことができる親と教師

単に「忍び耐える」だけでなく、「待つことができる」という徳性を、ボルノーは「忍耐」と呼ぶ。つまり、この意味における忍耐とは、人間の自然的な不徳である短気、性急さ、早めすぎ、急《せ》き立てと反対のものである。そうして、親や教師の忍耐のなさは、子どもの「発達段階」を無視する結果となってしまう。あるいは逆に、発達段階についての無知と無理解とが、子どもを急き立てる結果になってしまう。

とかく両親は、子どものどのような発達でも、それが早ければ早いほど喜び誇らしく思うし、また発達を早めるために、ありとあらゆる手を尽くしてできうる限りの努力をしようとするものである。教師もまた、同様である。しかし、ものには「適期」というものがある。人間の教育も植物の栽培と同じように、遅すぎて手遅れになってもよくないが、早すぎてもよくない。これは、ハヴィガースト（Havighurst, R. J., 1900～1991）らの、いわば「発達教育学」の詳細に教えてくれているとおりである。

次に、教科指導と忍耐について考えてみよう。忍耐のなさからさまざまな問題が生じがちである。

まず第一の問題は、たとえば、子どもが問いに答えることができないからといって、親や教師が子どもを急き立て、叱責するということである。これは、とかく子どもを勉強嫌いにさせてしまう。

さらに、忍耐のなさから生ずる第二の問題は、親や教師が、子どもに近道をさせようとして、解答のしかたについて説明をし過ぎたり、ヒントを与えすぎたりするということである。親や教師は教えたくても、説明したくてもじっと我慢する、いわば一種の禁欲が必要である。本来、また原則として「学習指導とは、子ども自身による独習の指導である」と言えよう。

右とやや趣を異にして、道徳的な方面において子どもが、人間的に責められるべきふるまいをするとか、すでに一度は直ったものと信じられていた犯罪を犯したり、いくたびも怠慢や悪意の言行を繰り返したりするような場合には、忍耐はもっと複雑なものになるのである。このような場合には忍耐が最高度に求められるわけであるが、しかしここでは、ボルノーも指摘するように、忍耐とは、単に発達の時期を待つとか、発達のテンポに調子を合わせることではなくて、むしろ人間的な弱さを理解しながら共に歩むということである。またそれは、弱さを持った人間に対して常に愛と信頼との心を寄せ続けるという意味における忍耐のことであり、これは、深い人間的な結びつきを基盤にしてのみ可能なのである。

この点から見ても――先に述べた「発達段階」をよく知って、これに則して待つことができた点でも、また忍耐のなさによって起こるあのさまざまな問題について直観的にきわめて深く認識し、かつそれを完全に防止した点でも――、ペスタロッチー、特にシュタンツにおけるペスタロッチーは、まさに「忍耐の典型」そのものであったと言えよう。

第二節　教師のタイプ

1　営利型と奉仕型

先に見たように、真の教師は「社会的人間」、すなわち他がためにのみ生きる、愛の精神の人に属している。ここで愛とは、分ち与えることを意味し、愛する者が、その相手に対して自分のすべてを捧げることなのである。この奉仕の心に生きる人であってこそ、真の教師である。捧げなくてはならない、奉仕しなくてはならない、と意識し力んでいる間は、まだ本物でない。そうせざるをえない精神的衝動を持っており、そうすることを最高の生きがいと感じ、あたかも教育のためにのみ生まれてきたかのような人、これが理想的教師である。一般の教師は、この理想的教師には到底なりえないかもしれない。しかし、それを目標において、理想に一歩でも接近しようと不断に努力し続けなくてはならないであろう。

右のことに対して、世の多くの教師たちは、反論するであろう。「教師は聖職者ではなく、労働者である」と。確かに、教師も労働者である。このことは、労働基準法にも規定されている。また、労働組合法第三条には『労働者』とは、職業の種類を問わず、賃金、給料その他これに準ずる収入によって生活する者をいう」とあり、教師も労働者に含まれることは明確である。この点から見れば、「教師は清貧に甘んずべきである」とするいわゆる「聖職者論」は、間違いであると言わなくてはならない。

わが国においては、古来、教職は聖職と考えられ、したがって教師は物質的なものを無視して、ひたすら精神的な生き方をするのが当然とされていた。この聖職意識は、明治以降になって、教師の近代職業人としての自覚がしだいに芽ばえ始めるようになってからも、依然として後を引き、いわば「教師は食わねど高楊枝」というような意識が、残り続けたのである。

しかし、戦後の人間解放の風潮は、古来の聖職意識によって拘束されていた教師にまたとない解放の機会を与え、さらにあの終戦直後の極度に窮迫した生活難が、教師に労働者としての自覚を持たせた。ここから教師は、基本的には一般の労働者と同様に、労働階級の一員と考えられるようになった。こうして一九四七年に、教師の組合である日本教職員組合（日教組）が、結成されるに至ったのである。同組合は、一九五二年に一〇項目からなる「教師の倫理綱領」を定めたが、その最後の三項目で「八　教師は労働者である」「九　教師は生活権を守る」「一〇　教師は団結する」と宣言している。

しかしながら、このような教師の主張が強調されすぎると、あの「社会的人間としての教師」の自覚が、欠けてくるのではなかろうか。なるほど、教職は聖職であるから金銭や待遇のことは口にすべきでない、というわが国古来の古い考え方は、今の時代には通用しない。特に、このような聖職論は、政治家や教育行政当局者から安易に発せられるべきではない。教師が近代職業人として、正当かつ合理的な賃金と生活を要求するのは当然である。しかしそれにもかかわらず、日教組の見解はさておくとして、教師はどこまでも教育のために奉仕すべきであり、労働者意識が先立ちすぎて「経済第一主義」に生きるべきではない。

もし明けても暮れても金のことばかりを考え、金が生き方を支配し、金が人生の目的であり、金儲けが生きがいであるような人間がいたとしたら、それはシュプランガーのいわゆる「経済的人間」であり、換言すれば「営利型の人間」である。このタイプの人間は、教職にはまったく向かないと言えよう。

2　学問愛好型と児童愛好型

教師のタイプの研究に大きな寄与をしたのは、カーゼルマン（Caselmann, C.）であるが、彼によれば、実際に現場に見られる教師の型は、大別すると「学問愛好型」と「児童愛好型」の二つになる。

まず、学問愛好型の教師は、学者ほどではないにせよ、一種の学者タイプであり学問や理論を愛好する傾向が強い。この種の教師のなかには、哲学、文学、あるいは人間の生き方に関する深い思想と思索とに強い関心を示し――たとえそれらが、自分の担当科目であろうとなかろうと――、それによって児童・生徒に尊敬あるいは畏敬の念を起こさせ、感動させる者もいる。また、自分の担当する専門科目の学問的研究にうち込み、これを深く究めようと努力し、それによって児童・生徒に正しい知識を教え、真理を探究する態度を培い、かつ人格的影響を及ぼす者もいる。いずれにしても、両者とも教えることよりも、むしろみずから学ぶことのほうを愛し、自己の研究を深め教養を豊かにすることに最大の努力を払う。

しかし、学問愛好型の教師は、方法的、技術的なことにはほとんど顧慮しないから、幼稚園・小学校にはまったく向かない。中学校にもあまり適していない。だが高等学校から大学へと、被教育者の年齢が高くなればなるほど、学問愛好型の教師でなくては勤まらなくなり、必ずこの種の教師が必要とされてくるのである。

次に、児童愛好型の教師は、まず第一に児童のことを考える。彼はもともと、学問や理論よりも、むしろ教育と子どもの世話とにひきつけられており、子どもとの交わりを心から欲している。彼の心のうちには、学問への愛ではなく、子どもへの愛が息吹《いぶ》いている。したがって彼は、自分が学ぶことより、むしろ子どもに教えることを好む。学問愛好型の教師が、かりに一応「理論的人間」の教師版であり現実版だとすれば、児童愛好型の教師は、あの子どものためにのみ生きる「社会的人間」の現実版、もしくは実際版であると言うことができるであろう。
もちろん、児童愛好型の教師もきわめて熱心に学問し、理論的研究にうち込むこともあるが、そうした場合も、彼の念頭には常に子どものことがあり、かつ子どものことがひと時も心から離れないために、彼の学問や研究はいきおい、児童学、幼児・児童心理学、あるいは教育方法学などを中心とした教職的諸科学に向かっていく傾向が強いのである。

一般に、被教育者の年齢が高くなればなるほど学問愛好型の教師が、逆に低くなればなるほど児童愛好型の教師が、適格でもあり好ましくもあるように思われる。しかしこれは、幼稚園の教師は学問しなくてもよいとか、大学の教師は学生嫌いでよいとか、そういう意味では決してない。どちらのタイプも、ただ一つだけでは完全でない。個々の教師が、もっぱら学問愛好型の立場だけで、もしくは児童愛好型の立場だけでやっていくことができるなどとは、到底考えられない。両者いずれかのタイプの特質が、個々の教師の精神的本質を規定し、その背骨となっていなくてはならないのではあるが、しかし同時に、自分のタイプと逆の特質をもかなり強く持っていなくてはならないのである。それでこそ、よい教師というものであろう。反対に、何か一つのタイプの特質だけしか持っていないとか、その特質が、別の特質に比べてあまりに強すぎるとかいうような人、それはよい教師とは言えないのではないか。

個々の教師が、純粋に一つのタイプに属すべきではないのとまったく同様に、一つの学校において、教師全員が同一のタイプであってはならないであろう。確かに、大学や高等学校には、学問愛好型の教師が多いほうがよい。しかし、児童愛好型も、一定数は必ず必要である。そして幼稚園や小学校には、もちろん児童愛好型の教師が多いほうがよいが、しかしある程度の学問愛好型も、一定数はいなくてはならない。なぜならば、異なったタイプの同僚どうしが、お互いに長短を補足し合うことができ、これによって学校全体としてよりよい教育が行われうるであろうから。

3　即事的タイプと即人的タイプ

教師を二つに大別して「即事的立場」に立つ者と「即人的立場」に立つ者とがある、と見なしたのはケルシェンシュタイナーである。ここで、「即事的」(sachlich) とは「事柄、すなわち文化財とか教材とかに即した」という意味であり、他方「即人的」(persönlich) とは「人、すなわち個々の子どもに即した」という意味なのである。ゆえに、即事的タイプは学問愛好型と、即人的タイプは児童愛好型と、ほぼ同一であると見てよい。確かに、各々のタイプの間には、きわめて大きな類似性がある。したがって、読者はそれらを相互に対応させ、互いに関連づけながら考えていただきたい。ただし、即事的という場合には、単に学問や理論や論理だけではなく、技術、芸術、日本的な諸芸能、偉大な宗教的信仰内容など、より広範なものも含まれるであろう。そうして学問愛好型と児童愛好型という分類は、実際に現場に見られる教師たちに基づいて行われたものであるのに対して、即事的タイプと即人的タイプとの類別は、それに比べるとやや理想的教師像に基づいたものであるとも言えよう。

まず即事的タイプであるが、この型の教師は一般に、未成熟な子どもの教育よりも、むしろ成人、もしくはそれに近い年齢の者に対する教育に熱意をもち、意欲的に努力するものである。大学・高校の教師には、この型が多いのである。しかしここでは、もっと顕著な例によって考えてみよう。かつて和辻哲郎は、世界の四聖とされている釈迦、孔子、ソクラテス、イエスをあげて、これを「人類の教師」と呼んだ。そして皇至道のあの教師論における主要な柱の一つとなっているものこそ、この「人類の教師」という概念にほかならない。確かに人類の教師は、あまりにも偉大であり、かつ人のため世の中のために奉仕する「社会的人間」に属するところの真の教師そのものであった。にもかかわらずこの場合には、同じ社会的人間といっても、まず第一に子どもそのものにひきつけられ、子どものためにのみ生きる類型とは、多分に性質を異にしているのではなかろうか。実際、人類の教師たちは、社会的人間である前に、別のタイプの人間であったのかもしれない。たとえば、イエスは社会的人間でもあるが、その前に、そしてそれ以上に「宗教的人間」であったとも言えよう。

いずれにしろ、ケルシェンシュタイナーの論ずるところによっても明らかなように、世界の四聖、もしくは彼らに類した多くの人びとはすべて、即事的タイプであって、即人的タイプには属さないのである。なぜならば、彼らを根本的に教育活動に駆り立てたものは、個々の青少年そのものに対する愛ではなく、むしろ道徳的・宗教的・文化的価値に対する愛だからである。彼らの場合には、教育の第一目的は、それらの価値の伝達と普及であって、個々の青少年の直接的な人間形成ではない。ところがそれらの価値は、人間にのみ、また人間を通してこそ実現されうることをあまりにもよく知っていたがゆえに、彼らは人間の教育に専念し、情熱を燃やさずにはおれなくなったに違いない。しかし、そうしているうちに、またその結果として、青少年を深く愛し、親身に世話することもできるようになったことであろう。今の時代で、たとえば、子どもに指導するよりも、まず第一に自分で絵をかくことに専念する美術の教師、またまず第一に自分で数学を学び研究することに喜びを感じている数学の教師などが、即事的タイプなのである。

次に、即人的タイプの教師について考えてみよう。その最も典型的な人物は、何といってもペスタロッチーをおいて他にない。世界の四聖が、人類の文化史上に永遠に輝くのとまったく同様に、ペスタロッチーは、人類の教育史上に永遠に輝き続けることであろう。管見によれば、前者は「文化における人類の教師」であり、後者はまさしく「教育における人類の教師」なのである。ペスタロッチーは、学問的には決して優れていたとは言えない。彼は、教師に要求される学力は、子ども自身よりも常に一歩先んじていればよいとまで極言している。学力が低くても、最大の教育効果をあげることのできたペスタロッチーの教育的秘訣は、いったい何だったのであろうか。

以下私たちは、ペスタロッチー的な即人的タイプとの多少の関連において、望ましい幼稚園・小学校教師について二、三考えてみたい。まず、即人的教師は、もちろん児童愛好型であり、大の「子ども好き」である。この子ども好きこそ、幼稚園・小学校教師の有すべき最も重要な資質だと思う（本章第一節1を参照）。子ども好きで、みずから子どもとなって「子どもと遊び戯れることのできる教師のみが、子どもを教育しうる」と言えよう。幼稚園の教師の場合には、特別そうである。老いても「白髪の子ども」でありたい。

子どもらしい感情を有しているという点で、即人的な、もしくは児童愛好型の教師の心的本質は、子どもの心的本質と同質のものなのである。このような同質性から初めて、子どもの心をみずからの心とする、そのような心のつながりができてくると共に、子どもに固有な心理・欲求・願望・関心などについての理解が深まる。個々の子どもの独自な固有世界が見えてくる。ここから、各教科を教えることも可能となるし、また愛や信頼も深まってくるのではなかろうか。これを杉谷雅文は、その著『教育哲学』のなかで、以下のように述べている。すなわち「教えるという作用は、事柄の法則や論理とともに、教えられる児童・生徒の生命や心理が同時に教師によって理解され、教える教師その人のなかに教えられる子どもがいわば住みこみ、一体となるまでは、決して可能にはならないものである。そして教師が子どもの身になり、子どもが教師のなかに住みこみ、住みつくということは、その究極の姿においては、教師が子どもを愛すること、子どもが教師を信頼することと同じことである」と。

子どもの心をみずからの心とすることから、子どもに対する愛と理解とが深まり、そこからまた、教師は「敏感性と機転」といういま一つの大切な資質をも、発達させることが可能となるであろう。ケルシェンシュタイナーも言うように、敏感性とは、子どもの心の動きや変化を全体的具体的にすばやくとらえる、教師の直観的な心の作用であり、機転とは、それに基づいて正しい手段や適切な処置をすばやくかつ確実にとる働きなのである。この敏感性と機転に欠ける人は、よい教師とは言えないだろう。瞬間ごとの子どもの動きや反応をただちにとらえて、正しい方法と処置とを即刻選択、決定し、機をえた適切な指導をただちに行うあの優れた教師の一つ一つの早業《はやわざ》なくしては、教育、特に幼い子どもの教育は決して成功しないであろう。

参考文献

ボルノー著、森昭・岡田渥美訳『教育を支えるもの』黎明書房、一九六九年。

ケルシェンシュタイナー著、玉井成光訳『教育者の心』協同出版、一九七六年。

シュプランガー著、浜田正秀訳『教育者の道』玉川大学出版部、一九六九年。

『ペスタロッチー全集』第八巻、平凡社、一九七四年。

ペスタロッチー著、長田新訳『隠者の夕暮　シュタンツだより』岩波文庫、一九七六年。

カーゼルマン著、玉井成光訳『教師のタイプ』早稲田大学出版部、一九七六年。

長田新著『教育学』岩波書店、一九六七年。

『皇至道著作集』第一巻、第一法規、一九七七年。

ハヴィガースト著、荘司雅子訳『人間の発達課題と教育』牧書店、一九五八年。

杉谷雅文著『教育哲学』玉川大学通信教育部、一九七〇年。
唐沢富太郎「教師」長田新監修『教育原理』御茶の水書房、一九六五年。

第六章　老いと死の人間形成論的考察

はじめに

わが国では高齢化社会、いないまだかつて世界が経験したことのない超高齢化社会を目前にして、老人自身の生き方や自己教育、あるいはみずからによる人間形成、すなわち高齢者の生涯学習がますます大きな問題となる。急速な高齢化は欧米諸国についても言えることであるが、それ以上にわが国において顕著な現象となると見込まれている。これに対する対応策がさまざまな視点から求められるが、その一つとして哲学や思想が不可欠であろう。

本章では「老いと死の人間形成」について「老人自身の自己教育」、あるいは「自身の生涯学習」という視点に立って論究することにする。すなわち、この不断の学びのなかでは、「老い」と「死の近づき」とが、いかに人間形成的役割を果たすことができるかを明らかにすることを目的とする。

その際、「老い」と「死の近づき」との消極的な面や影の面よりも、むしろ積極的な面や「光の面」を中心に見ていく。すなわち理想主義的哲学の立場に立って、主として「理想的可能性」としての「老い」と「死の近づき」とに際しての人間形成について考察したいと考える。なるほど実際には老いと死は消極的で影の面を多く持ってはいるが、それらを転じていかにして消極的なものから積極的なものを生み出すことができるのか、ということを明らかにしていくことにする。それゆえに、本章では、内的・精神的にもはや成長、あるいは成熟し続けていない人たちのことではなくて、主として不断に人間的に自己を形成し続けている人たちの場合を論じてみたい。つまり、生涯修養し続け、不断の生涯学習に努める老人の場合を問題にするのである。

第一節　老いと死の今日的課題

これからの教育学、あるいは人間形成論には、一つ「老いと死」の問題をも導入すべきであろう。そのようにしてこそ、それらはより全体的な生涯教育学や生涯学習論となりうるのである。岡田渥美によれば、「照準をもっぱら若い世代においてきた従来の教育学は、『老いと死』を主題的に扱うことはなかったのである。こうした事態は、明らかに従来の教育理論の内容上の欠如を示しているが、しかし……それは単なる内容上の問題には止まらず、むしろ教育理論として本質的な欠陥を示すものである。というのも、『老いと死』が見落されてきたということは、たとえば人生における減退、引退、喪失、死、有限性、別離など、……人間存在にとって必然的で本質的な諸局面を、十分に組み込むだけの理論枠を有していなかったことを端的に示しているからである」。

今後の生涯教育学と生涯学習論とは、そうした従来の教育学の不十分なところを補完しなくてはならない。つまり、人間の生を、出生から死に至るまでのライフサイクル全体から把握することが大切なのである。だから、これからの教育学は、単に「子どもの発達」だけではなく、いわゆる「揺り籠から墓場までの発達」を問題にしなくてはならない。

しかしながら、一般的に「発達」という言葉は、無限の直線的な上昇と発展と拡大、また一面的な西洋近代精神をイメージさせると言えよう。だから、それは青年期、あるいはせいぜい壮年期までについては、適切な概念であるとしても、老年期や死が迫っている時期の人たちについては、一部適切ではあるが、必ずしも十分に適切な概念であるとは言えない。青年期以降、少なくとも壮年期以降はしだいに発達よりも、むしろ「成熟」という概念がより適切であり、前者の割合が減り、その分後者の割合が増えるのが望ましいのではなかろうか。人生の折返し地点を過ぎて当分の間はもちろん、老いて死を目前にしての発達でさえも一部可能でもあるし、また大切で価値あることでもあるが、逆に、老いて子どもに帰り、人間の原点に戻り、成熟と円熟の境地で安らかに死を迎えることもさらに大切ではなかろうか。人生や教育にとって、直線的な上昇も必要ではあるが、逆に折返しや円環運動、あるいは回帰説も忘れられてはならない。

岡田は、老年期に見合った「縮減の哲学」（philosophy of reduction）の構築を提唱して、次のように言っている。すなわち、「ここにいう“reduction”（縮小、削減、減力）とは、いうまでもなく、歴史的には産業化社会に、そしてまた人生に関しては青年期や壮年期に最もふさわしい“production”（生産、製造、産出）の対概念である。したがって、近・現代を通じて支配的であった〝プロダクション〟中心の世界観・人生観に対して、……それとはまったく異質で別次元の価値の地平を示唆しようとして、敢えて〝リダクション〟という言葉を用いてみた」と。ここで、上述の philosophy of reduction は、私たちの文脈では「ユーターンの哲学」「折返しの哲学」「企業拡張しない哲学」「量ではなく質の哲学」「前進ではなく磨きをかける哲学」「発達ではなく成熟の哲学」等々と適宜に意訳することができる。しかも、これらは、確かに「教育哲学」と「生涯学習の哲学」でもあると言ってよい。「生涯学習の哲学」一般においては、

productionとreductionとの調和が求められるが、そのなかでも「老いと死の人間形成論」としてのその哲学においてはreductionにいっそう力点が置かれてもよかろう。これからの生涯学習論は、老人や瀕死者の立場、および死の問題をも考慮して、reductionの哲学をも導入しなくてはならない。

ところで、デーケン（Alfons Deeken, 1932～　）は、「教育の改革が急務となった現在、特に『死への準備教育』は、生涯教育として幼児から高齢者まで、人生の各段階に応じて行う必要がある」と言っている。また、「『死への準備教育』が生涯教育である以上、あらゆる年代に向けて、それぞれに適切な方法を模索する必要がある」とも言っている。そうだとすれば、「死への準備教育」は、明確に生涯教育・学習として行われるべきものである。時間的には、揺り籠から墓場まで、場所的には家庭・学校・社会のいずれにおいても、また無意図的・非形式的教育と意図的・形式的教育とのいずれによっても、あるいは他者教育・形成と自己教育・形成とのいずれによっても、行われるべきものである。

学校での死への準備教育も大切であり、ドイツ、アメリカ、イギリス、オーストラリア、スウェーデンなどでは、実際にそれが行われている。子どもにその教育を実施するためには、教師もあらかじめその教育を受けており、死について生涯学習を続けなくてはならないであろう。さらに、視野を拡大してみるならば、これはしばしば患者の死に出会う医師や看護師についても、言えることではなかろうか。また、高齢者施設や家庭で、老いて死が近づいている人たちを介護している人びとについても、言えることではなかろうか。このように、生涯学習としての死への準備教育の範囲は著しく拡大し、その主体と対象はきわめて多様であると言えよう。しかし、本稿では問題を限定して、「老いと死の人間形成論」を老人自身の自己教育・形成、あるいはその生涯学習という視点に立って論究したい。

さて、デーケンは、death educationを「死への準備教育」と訳しており、しかもこの日本語を自己自身のキーワードとして頻繁に用いているが、彼によれば「『死への準備教育』（デス・エデュケーション）はそのまま、自分の死までの毎日を、よりよく生きるための『生への準備教育』（ライフ・エデュケーション）となる」のである。だから、「死への準備教育」がその内容となっている、彼の著書名も『生と死の教育』なのである。他の人たちによっても、death educationは「生と死の教育」と訳されたり、また死に関わる教育のことが最初からこの日本語で表現されることもある。さらに、浄土真宗の立場では、その英語は「いのちの教育」を意味する、という説もある。

これらに関連して、「死生学」（thanatology（英）、Thanatologie（独）＝Sterbensforschung（独）、辞書的には「死学」「死亡研究」などの訳語。最近は「死生学」と訳す人も多い）と呼ばれる学問は、生と死とを表裏一体のものとしてとらえ、生を死に関わりのあるテーマから学際的に探究するのである。それは哲学、医学、心理学、民俗学、文化人類学、宗教学などのあらゆる分野から、生との関わりにおける死の問題に、あるいは死との関わりにおける生の問題にアプローチする。本章は、哲学を中心とした死生学の探究であると言ってよい。これは、いわば「哲学的死生学」であり、しかも、教育学的な考察でもあるから、結局本章は「教育哲学的死生学」、あるいは「生涯学習の哲学的死生学」であると言ってよかろう。ちなみに、デーケンによれば、「死生学の実践段階が、『死への準備教育』である」。これは、死までの時間をどう生きるかを考え学ぶ教育である。

いずれにせよ、確かに生と死は密接不可分で一体のものである、と見るべきであろう。人間とは、生まれたその瞬間から、すでに死につつある存在である。死は生命の第一幕から始っているのだ。だから、死をタブー視して、考えまいとすれば、これは生きることへの意識を希薄にしてしまうであろう。逆に、死を考えるならば、真剣に生を考えることになるであろう。同様に、死への教育は生への教育へとつながるであろう。

先に述べたように、生涯学習としての死への準備教育の範囲は著しく広いし、その主体と対象もきわめて多様ではあるが、しかし本章では「老いと死の人間形成」について「老人自身の自己教育」、あるいは「自身の生涯学習」という視点に立って考察することにする。すなわち、老人の不断の学びのなかでは、「老い」と「死の近づき」とが、いかに人間形成的な働きをすることができるかを見ていきたい。

第二節　老年期の積極的意義と創造力

確かに老年期には、そこかしこが痛む。今日は耳が、明日は目がままならない。心臓の不調、呼吸困難、関節の痛みなどが交互に起こる。最悪の場合には、すべてが併発する。しかし、それらは医師のテーマであり、本章の主要な論究は精神、あるいは魂、あるいは心の問題である。

シュプランガーは「老人は身体に逆らって生きることを学ばなくてはならない」と言っている。老人は自分の身体に対して「君は僕ではないよ！」と語ることができるようになってもらいたいというのである。もし逆の場合であったとしたら、精神が身体に支配されてしまうことになり、その結果老人は弱い身体によって弱く生かされなくてはならず、彼は自分の意志によって強く生きることができない、自分の生を自分で形成することができないということになる。

それではいけない。身体が精神を圧迫すればするほど、それだけますます老人は、精神の身体に対する固有性、精神の力は必ずしも身体の力に比例するものではないことに気づくようになる。「健全なる精神は健全なる身体に宿る」ということは、特に老人にとっては必ずしも真理ではなく、逆も十分に可能であることを知らなくてはならない。

これを老人はすでに以前のあらゆる年齢期にある程度は体験している。というのは、一般に老年期の準備は、先行する各年齢期に行われるものであるからである。しかし、その体験は漠然としたものであり、それが最も明瞭になりうる時期は、やはり老年期である。老年期は、そのためのいわば最適期である。長年の訓練を通してしだいに身体に対する意志の支配も構築されるが、老年期に至ってそれが最高度に達すると言うべきであろう。

若くて健康で体力のある間は、身体と共に生き、身体によって生きる。だが、老いて身体が弱ってくる時、老年期固有の価値の高い生活構築が求められる。老年期にこそ、相当自由に、個性的な本来の自分の生き方ができる。スイスの医師で老人ホームの所長であったフィッシャー（Vischer, A. L.）は、一九四五年の著書のなかで「若者と老人は各々の特別な価値を持っており、またそれぞれの人生段階は固有の価値を有することを、われわれはよく知っていなくてはならない」と言っている。子どもは子どもの世界に生きており、子どもには子ども固有の価値と課題があるのとまったく同様に、老人には老人固有の価値と課題がある。近代の文化と社会、特に今の時代は「業績的価値」をあらゆる他のものに優先させる傾向がある。もし労働能率や経済的能力が唯一の物差しであるとしたら、およそ七〇歳以後の年齢の者はあまり価値がないということになろう。しかし、老人には測定可能な業績や労働能率とはもっと違った価値があるだろう。

かつては、老人が尊敬、いな畏敬に値することを、誰もほとんど否定しなかったであろう。今日も、老人を進んで自由意志で敬うことはできるし、また敬うべきであろう。とはいえ、近代の若者文化の支配下にあっては、それがきわめて困難であることもまた確かな事実であると言わざるをえない。しかし、そこには何かが欠けている。近代とはいったい何だったのだろうか。今こそ近代精神に対する深い反省が求められている。この反省に立つならば、今日でも依然「老人は畏敬に値する」という言葉が妥当するのではなかろうか。もし人が、今日しばしば見られる基準とは逆の基準で、つまり「外見上の力の物差しとは別の物差し」で老人をはかるならば、その命題は不滅である。老人における人生の苦悩や重荷と闘い終わった姿、したがってたとえただ人間としての全生涯が彼に刻み込んだ深いしわからだけでも、老人に対する畏敬の念は呼び起こされるべきものであろう。ましてそれ以上の積極的な価値を有している、円熟した高い人格の場合にはなおさらである。

確かに、今日多くの人たちが、しばしば老人のことを嘲笑と苦情をもって語っている。それらの事実は山ほどある。しかし、嘆かれるべきではなかろう。積極的な価値を持ち、それ以前の人生の諸段階ではできなかったことさえも、老年期にできるようになるのではなかろうか。「職業に留まっている人たちのことを考えても、あるいは高齢者特別施設が当てがわれている別の集団に所属している人たちのことを考えても同様であるが、その歴史が教えるところによれば、創造的な力さえも高齢に至るまで持続する、いな新たにほころび出ることが可能である」とシュプランガーは、八一歳の死の年の著作で言っている。

アメリカの精神分析学者エリクソン（Erikson, E. H., 1902～1994）も、「人格は生涯を通して発達し続ける」という見解に立っている。また、その他のいくらかの最近の心理学者の研究によっても、老年期にもなお創造性は低下しないという結果が得られた。それどころか、特に六〇代後半あるいは七〇代での創造的な力の上昇が確認されることが、指摘されているのである。

ところで、老人の日常的な対人関係の基本的な特質をひとことでまとめれば、「関係からの離隔」と言える。田中毎実によれば、この「老いにおける『関係からの離隔』は、単に外面的な出来事であるにとどまらず内面の深部での自己実現と連動しており、その意味で老いた人の全存在に関わる本質的な出来事であると言えよう」。ここで、外面的な出来事としての「関係からの離隔」は消極的なものであるが、「内面の深部での自己実現」は積極的な意義を持っている。しかも、消極的なものから積極的なものが生み出される可能性が大きいのである。退職し隠居して人間関係がほとんど断たれた時にこそ、かえって積極的に自己を形成し、新たに自己を創造する可能性が増してくる。そのための前提は、生涯修養し続けること、すなわち生涯学習にほかならない。

第三節　内面を見る人

次に、まったく円熟してきた人の独自な精神的能力は何か、ということについて考えてみよう。この場合も、内的にもはや成長し続けていない人のことではなくて、不断に人間的に自己を形成し、向上している人のことを述べたい。古代ギリシアでは「予見者」(Seher)が最高齢者として、またしばしば目が見えない人として描かれているのは偶然ではない。Seher の訳語には、「予見者」のほかに、「予見者の眼力」「見る人」「透視者」「千里眼」などもあるが、シュプランガーによれば「予見者とは、特別な意味において『内面を見る人』(Nach-innen-Seher)のことである」。「老齢で肉体の目が不自由になった頃に、かえって自己や他者の内面を鋭く透視、洞察することができる眼力を有するようになりうる」とシュプランガーは言いたいのであろう。壮年期の収入と業績を求めての多忙な生活のなかでは、なかなか自己を見つめたり、人間を真に見ることは困難である。人間と社会、人間としての生き方を見る目も、時間的余裕が生じ、豊かな人生経験を積んだ老年期にこそ養われるものである。「時間」と「経験」、そして「静かな生活」が、老人の見る目を育ててくれる。

ここで、老人と時間との関係、老人の時間感覚について考えてみよう。シュプランガーも言っているように、「老人は、あらゆるその他の年齢期の者とはまったく異なった時間への関係を持っている。彼は何といっても回想のなかに生きる。すなわち、彼は時間が流れていると思われる方向に逆らって生きるのであり、彼はもはや、若い人間のように前方に手を伸ばさない」。もしその回想が、光でなく影に、老成ではなく老醜に終わってしまうならば、それは老いの弱さということになる。老いの度を越えたおしゃべりも、そこに根を持っている。この場合、老人の目は、消極的な意味で過去に向かう。しかも、過去にのみ向かう。だから、〝古くさい〟と嫌われてしまう。

逆に、積極的な態度、光と老成へと向かう可能性も大きいと言えよう。芸術家がみずからの目的のために現実を装飾しなおすように、思索家が本質的思考によって偶然的なものを考え直すように、精神的に生き生きとしている老人は回想のなかで、それ以前の年齢段階よりも考え方が深まり、以前には見えていなかったことが見えてくる。生涯の長い過去と現在とを重ね合わせ一体化することによっていわば豊かな時間軸としての縦の目（いわば空間軸としての横の目だけでは十分でない）が養われ、これによって人間、人生、物事などの本質を鋭く見ぬくことができるようになるであろう。また、豊かな心で虚心坦懐に見ることができるようになるであろう。これは、老賢者の目であり、「老いの英知」と言ってよい。英知ある人は、単に多くの知識と経験を持つだけではなく、「本質的」なものを見極め、しかもそれを「秩序づけ」ていかなくてはならないのである。その可能性は、その都度の現在というしがらみに拘束され現在に執着している、それ以前のいかなる年齢段階よりも大きいのではなかろうか。

第四節　濃縮された経験と価値不変性の吟味

　さて、なるほど老人は長い人生を生きてきたので、多くのことを経験している。しかし、蓄積された経験だけでは十分でない。それは、体験の単なるごった煮のこともある。「私はたくさん経験しているのでよく知っているが、若い者は何にも知っていないのだ」という言い方でくどくどと語る老人たちの不快な習慣を誰も好まない。

　シュプランガーによれば、「実りあるのは集積された経験ではなくて、濃縮された経験である。これをわれわれは、体験の素材が内的に加工されてきたものであると理解する」。幸運の女神と不幸な運命、禍を転じて福となすこと、逆に福が転じて禍となりうること、業績、権力、名誉、金などだけでは内面的満足が得られず幸福になれないこと、人生には自分自身の能力と努力だけではどうにもできないものがあること、つまり人生は思い通りにならぬものであること等々が長い経験を通して心の底からわかり、若い頃の無思慮や激情を反省し、罪の意識と良心の呵責が生じることによって人間は謙虚になり、優しく強く豊かになれるであろう。人生劇場の舞台で上演されてきたことには、さまざまな要因が関わり合い働き合っており、「大連関」のなかにすべてが秩序づけられていることが、自己の経験を通して自己に思慮深く説明され自己に正直になることができ、たとえどんなに素朴であっても一種の「悟りの境地」に達するのでなくてはならない。そうすれば、雑多な経験は「密度の高い経験」に変わる。逆に、「濃縮された経験」によって、一種の悟りの境地に達するのかもしれない。そのいずれであれ、人はみずからの生涯において真に「成果を上げた」ことになる。心の底から「本当によい人生であった」と言うことができるであろう。自己の生涯の存在理由について納得でき、自己の人生には意味があったと確信して死を迎えることができるであろう。

われわれは老人に「老いの英知」を期待したい。しかし、長く生きただけでは、まだ賢くなれない。すなわち、長い生涯の経験を加工し再構成することができなければ、まだ雑多な経験のままであり、質の高い「濃縮された経験」にはなりえない。シュプランガーによれば、「重要なことは、老いた頭のなかで経験が組織しなおされ、豊饒性の視点のもとで統合され、そうしてあらゆる意味で狭い了見が排除されるということである」。老年期の身体の衰えに逆らって、不断に経験の再構成と統合とを行い、これによって全体的視野を養うことが求められるのである。老人の後の世代に対する助言を与える能力と資格も、これに基づくのである。このことに関連してエリクソンも、英知を具えた人は、「その心身の衰えにもかかわらず、経験の統合を保ち続け、それを次の世代に伝える。……また、後からくる世代に対して一つの『完結した』生き方の活きた実例を示す」ことができる、と言っている。

ところで、いったいなぜプラトンは老年期に彼の生涯の主要テーマである「国家」をもう一度取り扱ったのだろうか。これに対してシュプランガーは言っている。すなわち、「むろん、プラトンがその間にさらに学んだ(知識をふやし知的に学んだという意味、筆者注)からではなく、老齢であることから異なった見方をしなくてはならなくなったからである。確かにより円熟したのであり、より精力的(energischer)になったのではない」と。青年期や壮年期には精力的に客観的知識をふやし正確で壮大な理論構築をすることができるというその時期の固有性があるが、老年期には濃縮された経験によってそれまでに行ってきた仕事を反省し回想し、老いの英知を発揮して磨きをかけ円熟したものにすることができるということの時期ならではの固有性がある。仕事の前進、拡張についてはもはや多く望めないにしても、以前の仕事に磨きをかけ、丹精込めてみごとな作品として仕上げていくことは十分にできる。老年期には、いたずらに青年や壮年と競い合うことなく、老年期でないとできないことを胸をはって堂々と行うべきではなかろうか。ちなみに、ここで述べていることは、本章第一節の「老年期の積極的意義と創造力」につながる。

しかも、こうしたことは、プラトンの場合に限られず、いずれの分野のいずれの仕事についても言えることであろう。何も特別な人の特別な仕事に限られたことではなかろう。偉人の仕事は確かに偉大であるが、ごく平凡な人の場合にも基本は同じであると言えよう。いわば濃度が違うだけである、と筆者は考える。もしそうだとしたら、上述のプラトンのことは、基本的にはすべての人に当てはまると見てよい。どんなに素朴なものであってもよいが、専門における名人芸、政治的な才知による名人芸など、いや料理・裁縫、あるいは建築・農作業の名人芸などのいずれであろうと、結局名人芸を手にしうるのは、ただあらゆることを濃縮された経験に基づき不断の自省をもってやり抜き、またその際自己自身で自己の人間形成を行い続けた人でしかない。そのように生涯かけて仕事に磨きをかけ続けることによって「磨き抜かれた人間」は、業績主義や競争原理に生きるのではない。こうした人間にとっては「業績や社会的地位による名誉」としての「外的名誉」ではなくて、「内的名誉」こそが大切なのである。

シュプランガーも言っているように、「最後の年齢期に入るに際して、もう一度『一切の価値の転倒』が行われなくてはならない」のである。生き方の根本的転換、生活の原理あるいは基軸の一八〇度の転換が求められる。「価値基準自体の再検討」が必要とされる。つまり、老年期の人びとに求められることは、これまでの長い人生と仕事とを良心的に反省し、あの philosophy of reduction を実践することなのである。

各々の年齢期の者は、それぞれ固有の世界像と価値観に基づいて生きている。子どもには子どもの世界があり、子どもは子どもの世界に生きているのとまったく同様に、老人には老人の世界があり、老人は老人の世界に生きている。したがって、老年期には老年期に固有な世界像と価値観がある。もしなければ、新たな形成を目指すべきであろう。老年期には、単なる世間的なものにのみ価値を置き、ただ世間的なものにのみ生きることからの転換が求められる。老年期は、そのための最適期である。

この転換をなしえた場合には、人間どうしにおける名声と競争とは、もはや幸福を意味しない。現実への全関係が、以前とは異なったものになってくる。価値観と人生観とが転換し、しかも円熟して人間に円味ができてくるにつれて、老人の世界像も豊かで透き通ったものとなるだろう。問題は、人生を闘い抜いた後に「人格の中核から生じるあの確実さ」である。晩年の清澄は、何とすばらしいものだろう！　そうして、ボルノー的にいえば、「自分の小賢しい我意を捨て、物事の向かってくるままに身を委ねることのできる『放下』（Gelassenheit）の態度や、真に安らいだ『晴朗』（Heiterkeit）の気持を持つことができよう。また寛やかな『愛』や、人生の辛酸を嘗め尽くしてこそ可能な『善意』（Güte）の態度を持つこともできよう」。

今日の近代産業社会と若者文化の支配下にあっては、一般に、老人は時代遅れで古くさいから、老人に耳を傾けることはあまり意味がないと思われている。しかも、考え方が硬直していて頑固であると言われている。なるほど、そのような事実も、しばしば確認できるであろう。それを認めたくないためだろうか、老人のなかには派手な服装をしたり、若者と同じ遊び方や話し方をしたりして不自然なやり方で若返りをしようとする者もいる。比喩的に表現すれば、あたかも老いを恐れて若者と同じ土俵で相撲をとり、同じトラックで力走しようとするような場合も見受けられることがあろう。最近のように世代間の固有な特質が薄れてくればくるほど、そうしたことは増えるばかりである。

ある程度なら、それも必要であろうが、それが基本となるのはやはり望ましくないだろう。というのはそこでは、老年期の固有性と積極的意義が忘れられているからである。

　思慮深く英知ある老人は、過去に執着するのでもなく、さりとて新しがり屋になるのでもない。堅実な人生を築き完成させるために、たとえば「愛」や「誠実」のように、時代によって現われ方は異なっているにせよ、基本的にはいつの時代にも維持されなくてはならないもの、つまり不易で「価値不変的なもの」（das Wertbeständige）をこそ求め続けるのである。すなわち、「永遠の相のもとで」なお何が永続しうるか、また永続すべきかを吟味するのである。「変わるもののなかにも、必ず変わらないものがある、またそうでなくてはならない」ということが、老賢者にはよくわかっているのである。

　濃縮された経験に基づき不断に吟味された不変的価値を身につけることによって、自己自身の人間形成を行うと共に、これが無言のうちに若い人に対して人間形成の働きをする。円熟して英知の境地に達した人は、何も語らずとも、安らかで真に賢い「人間としての在り方と生き方」そのものを通して、後の世代に貴重な「模範」（Vorbild）と大きな励ましを与えることができる。

　また家庭、地域社会などの活動において若い人を表に立てながら後方から支援し、いわば「後見者的役割」を果たすことも、老人に期待される。日々の具体的な行為と活動を通して、老人の固有な人格と若い人の固有な人格とが、ふれあい交わり合うなかで両者の人間形成も行われうるであろう。老若男女いずれにおいても、横の人間関係と共に、縦の人間関係をも体験してこそ、人間は真に人間らしくなりうると言えよう。「豊かな人間性を育てる教育」の鍵も、そこにある。今日わが国で問題となっている「心の教育」も、そうした人間関係の体験なくしては不可能ではなかろうか。

第五節　老いの回想の人間形成的意義

それでは次に、老年期の顕著な精神的特質としての「回想」と、その人間形成的意義について考察したい。

老年期の人たちは、それ以前のいかなる年齢期にもまして「回想」のなかに生きているが、その同じ老人たちが「記憶」が悪くなるばかりであると嘆いているのは、不思議なことであろう。だから、おそらく回想と記憶は、まったく同じものではないのであろう。前者のほうがいっそう内面、心の底、魂の深奥、良心に根ざしているのではなかろうか。内面に入り込んだ内容は、目や耳に入った単なる事実でもなければ、ましてや機械的に記憶した日付、番地、単語、公式などでもない。シュプランガーによれば、「回想に際して問題なのは自己の生の構成要素であり、したがって……生の連関に意義規定的に組み込まれている事実である。なるほど記憶も、回想することに含まれている。しかし『単なる』記憶は、個々のものが雑多に投げ込まれている籠のようなものである」。単なる記憶（Gedächtnis）は、心の深部とつながっていないので、良心とも無縁である。それに対して「回想のなかで記憶に残っているものは、すでに Erinnerung という語が表明しているように、われわれの人格の内面（das Innere）の一部となっている」。この人格が記憶を自分のものとし、精神的に消化したのである。その際、回想が個人的倫理に関わるものであったとしたら、それは内奥の個人的良心と結びつくであろう。

ところで、回想には明るいものと悲痛なものとがあるが、まず第一に、前者から述べよう。人の内面は、まったく気づかぬうちに過去を美化するものである。苦しかったことの一切は、沈んでしまい、忘れられる。回想は原初体験を変えないままにしてはおかない。しばしばより明るい色に塗り替える。美しく楽しかったことを選ぶ。しかも、それを大幅に脚色する。その結果たとえば、故郷の一切は、回想のなかではその土地にもともと汚れというものがまったく存在しえないと思われるほどに美しくなる。過ぎ去りし青春の日々の回想なども同様である。これらは、過去を金色に染め美化する回想であるといってよい。しかし、こうした回想は、全人格が投入されるのではなくて、今やまったく生活の縁に横たわっているものが後で楽しまれるというような性質のものである。明るい回想にあっては、かりそめの幸福感が生じ、それが慰めを与えると言えよう。それにはそれなりの意味はあるが、魂の根底を揺り動かし、良心を覚醒させ、人間形成に対して積極的意義を有するほどのものではない。

それでは第二に、人間形成にとってもっと積極的意義を有すると思われる回想について考えてみたい。それは「無常の痛み」を伴い、そこから「永遠の予感」を生み出すような、一種の「宗教的回想」とでもいうべきものである。それは苦悩や良心の呵責を伴い、これが「光」へとつながるような回想であるといってよい。シュプランガーによれば、「思い出の痛みは、かつて体験された痛みに関わるだけではない。邪道であったがために、人はかつての勝利を泣くことがありうる」のである。すなわち、かつての痛みを痛みとして回想するだけではなくて、かつては勝利であり成功と喜びであったと思っていたことをも、老いの回想のなかでそれが目的のためには手段を選ばない邪道であったと深く悔いあらためることになり、「良心の呵責」が生まれるというのである。その時、過去の罪に深く思いをめぐらすなかで、免れえない恐怖に跳び退らざるをえないだろう。そうして、「自分がまったく真の意味で生きてきたのではない」ことが、心の底からわかるのである。こうした回想を通しての自省と「良心の呵責」との底から、もう一度力強く立ち上がって光と老成を目指さなくてはならない。良心による徹底した悪の自覚こそが、人間を善へと生まれかわらせうるであろう。これができたら、「一切の価値の転換」が行われ、「一切が本質的になる」のである。そうして、たとえいかに素朴な生活であっても、老人はみずからの生活のなかでの回想を通して、哲学者にも、またシュプランガーのあの「現世的敬虔」（Weltfrömmigkeit）の人にもなることができるであろう。たとえいかに素朴であっても一種の「悟りの境地」に達し、良心の満足と安らぎとを体験することができる。回想を通して、böses Gewissen（やましい良心、消極的・否定的良心、悪いとする良心）から gutes Gewissen（やましくない良心、積極的・肯定的良心、善いとする良心）が生み出されたことになる。こうして、老人は謙虚になり、優しく強く豊かになれるのであろう。自己の生涯の存在理由について納得でき、自己の人生には意味があったと確信して、「良心の満足」と共に死を受容し迎えることができるであろう。

第三に、必ずしも明るい回想でもないし、だからといって必ずしも悲痛な回想でもない、別の回想について考えてみよう。精力的に働く壮年期の意義は、自我を世界の一部に刻印することである。偉人の場合はもちろん、名もなき人たちの場合も素朴な形で、その足跡は世界に残るであろう。こうした自我の作品を、ゲーテは「人生の足跡」と呼んだ。シュプランガーによれば、老人の課題は「彼がみずからの自我を再び世界から取り戻さなくてはならないということであり、回想のなかでいったいさて自分とは本来何であるのかという問題に取り組むということであろう。こうしたより深い自己への回帰のなかでその時に、確かに何かあるものが時間から救出されたのだ、ということが示されるであろう」。「生き方の根本軸」の転換によって、より深くより高い自己の中核としての良心のなかで、あるいは永遠性・超時間的なもの、あるいは宗教的・形而上的なものが予感されるであろう。なるほど、働き盛りの年齢期に

「自我（主観）の客観化」を精力的に行い、「人生の足跡」を残すことは、必要でもあり、望ましいことでもある。しかし、そのままではまだ、不十分である。逆に、老年期にはその人生の足跡としての客観的作品と仕事とを根底から反省することによって、それを再び主観へと連れ戻し主観化しなくてはならない。すなわち、老年期には、回想を通しての「客観の主観化」が求められる。宗教論と良心論との関連で言えば、「主観化」とは、むしろ「内面化」を意味する。これによって、良心のなかで宗教的・形而上的なものが予感されるであろう。たとえば、本章第四節で述べた、プラトンの場合も、確かにこうした「客観の主観化」と言えよう。

　さてしかし、そうした一切の回想も、やがては死と同時にすべて消滅してしまうのだろうか。人間は本当に、死によってあとかたもなく消えうせてしまうものなのだろうか。これについて、シュプランガーは次のように言っている。すなわち、「そうであると考える者は、自己回想の本来の神秘について、おそらくまだ十分に深く考えたことがないのだろう。彼は自己の内なる宗教的なものをまだ感じたことがないのである。もちろん、それはきわめて深いところにある」と。つまり、魂の深奥・良心のなかにあると言えよう。回想は老人を魂の根底、つまり良心において永遠なものと結びつけ、老人に「宗教心」を呼び起こすと考えていると思われる。人間の本質の核心としての良心が、無に対して抵抗する。人間の最内奥の魂、あるいは良心は、不滅なものを求めずにはおれないようにつくられているのではなかろうか。

　とはいえ一方、現世に生きている人間は、死を免れえないことも確かな事実である。それゆえに、シュプランガーは言っている。すなわち「他ならぬ人間は、この無常とあの永遠の持続との中間に立つようにつくられている。回想に幸あれ！　それは時の単なる流れと経過に架橋するものだから」と。これは、まったく良心についても言えることである。回想を通しての良心こそ、現世と来世、時と永遠との間を媒介すると言ってよい。

第六節　生と死とを媒介する良心

老年期には、この矛盾に満ちた人間界の生活が、その不確実性をあらわにし始める。それが見えてくる。シュプランガーは「老年期には少しずつ此岸と彼岸との間に立つことを学ばなくてはならない」と言っている。これは、すなわち、「生と死との間に立つこと」の学習を意味している。その際、両者をそれぞれ結びつけ、媒介するものは、個々人の内奥における良心にほかならない。

老年期にはかつての激しい労働、競争と闘争との生活から解放されて、ゆとりと静寂のなかで彼岸や精神界への思いが深まる可能性が増してくる。ついには、あふれんばかりの神秘的なものが、現世的・現実的な制約を越えて湧き出てくるであろう。つまり、一切が「本質的」になり、一切が無限の彼方からきて、いわば別の世界の息吹を連れてくるであろう。ゲーテは「老年期にはわれわれは神秘主義者になる」と言っている。ここで神秘主義者とは、必ずしも特定の宗教的信仰に生き、特定の神を信仰しているのではなくて、むしろゲーテやシュプランガーのあの「現世的敬虔」につながる生き方をする人を意味する。今日、定説として一般的にあげられている神秘主義の主要な特徴は、「普遍性」（Allgemeinheit）にほかならない。

老年期の神秘主義を、シュプランガーは次のように比喩的に表現している。すなわち、「海と山と野の上に柔らかい澄みきった雲の層が横たわっている、あのよく晴れた晩秋の日々を人は知っている。そのように、老人は人生の晩秋のなかで世界を見る。前景は本質的なものではない。この雲の層が一切を包み込み、すべての輪郭を柔らかにする」と。ここで「前景」とは、その前に出てくる「海と山と野」を指し、地上界としての「此岸」を意味する。それに対して「雲の層」とは、天上界としての「彼岸」を意味する。そうして、現世的敬虔と結びついた神秘主義においては、地上界と天上界、此岸と彼岸とは互いにつながり合って全体としての精神界を形成していると見てよい。

ところで、人間は老いて再び子どもに帰り、「単純さ」へと回帰するものである。しかし、これは、単なる子ども性を意味するのではなくて、それ以前の年齢期の「複雑さをくぐりぬけた単純さ」でなくてはならない。これがいわゆる「かれた」境地であり、清澄さであろう。これも一種の reduction と言えよう。そうしてそこにも、宗教的・神秘主義的要素が含まれている、と見ることができる。ちなみに、ここで「単純さ」は、シュプランガーのあの「心の純粋性」につながると言えよう。彼は良心の声が聞き取れるようになるためには心の純粋性が不可欠であることを繰り返し強調しているが、これは確かに「老いの心の単純さ」をも含むと見てよい。ゲーテも、「純粋な心のなかにのみ、すべての救いが宿る」と言っている。これは人間の一生涯にわたっての学習課題ではあるが、特に老齢になればなるほど、ますます求められるべきものであろう。たとえ途中ではいろいろ不純なことがあったにせよ、やはり「老いと死の近づき」という最後の段階の生き方こそが、最も大切なのではなかろうか。

以上で明らかなように、確かに「老人は一種の神秘主義者になる」。しかし、もし地上的な現実を完全に払い除けうると考えるとしたら、それこそ思い違いであろう。現実との対決は、死の間際まで続く。先にも述べたように、神秘主義は地上界ともつながり合っている。やはり、現世と来世、此岸と彼岸との間に立つことを学ぶべきである。その際、両者をそれぞれ結びつけ媒介するものは、個々人の内奥における良心にほかならない。上述の「心の純粋性」と一体になったものとしての良心のなかでこそ、時と永遠、此岸と彼岸とが出会い生と死とが合一すると言えよう。老人は、他のいかなる年齢期の者にもまして、回想のなかで良心を通して地上的存在としての有限な自己を永遠の世界につなげることができる。また、自己の生から死を、逆に自己の死から生を見ることができるであろう。そのための準備はすでに早い時期からなされるべきではあるが、老年期こそ最適期である。彼岸への道は、良心が目覚めており精神的に力強く生き続ける限りにおいて、すでにこの此岸で開けると言えよう。

　このようにしてこそ、老人は心安らかに「死」を受容することができるであろう。死に対する心の準備と死の近づきとが、良心をさらに覚醒させ、人間を純粋かつ高貴にする。最高の生と最大限の人間的・倫理的成熟とを達成させてくれるであろう。死を目前にし、苦しみを耐え忍び、初めて人は深い世界が見えてくるのであろう。孤独に苦しみながら、初めて人は人生の深みに気づかされる。老い、病い、死の近づきなどの絶対的苦悩、極限状況、つまり悲劇的体験の極致において、物事が見えてくる。また、苦悩と死の近づきとの体験によってこそ、他者からの愛と思いやりに感謝し、他者への愛と思いやりを取り戻し、こうして平安な光のなかで死を受容することができるようになる。

　シュプランガーも言っているように、「死そのものが何であるかは、まったくわれわれの知識の及ばないところである」。しかし、「死の恐怖と死に方は、まだ生の側に属する」。だから、よい死に方のためにも、最後の最後までよい生き方を求め続けるほかないのではなかろうか。ヌーランド（Nuland, Sherwin B., 1930～）によれば、「死に方とは、すなわち生き方である。いかに誠実に品位をもって生きたかによって、死に方が決まるのだ」。「誠実に」とは、すなわち「良心的に」という意味であろう。だから、現世と来世との架橋としての良心を目覚めさせ続けることこそが、大切なのではなかろうか。

おわりに

以上、「老い」と「死の近づき」との「光の面」を中心に考察してきた。けれども、逆の面もあることを知っていなくてはならない。実際、現実には、むしろあまりにも日常的なレベルでの、またあまりにも一般的な老人たちの「影の面」が問題にされることがほとんどであろう。しかし、だからこそ、光の面を求めて不断の生涯学習に努めるべきである、ということが明らかになったのではないかと思われる。影の面についての客観的な実態調査等は、残された課題である。あるいは、痴呆やアルツハイマー病の老人たちも、単に医療や介護の問題としてだけでなく、生涯学習の思想としての人間形成論の範疇に含めて考察されるべきであろう。これも今後の課題であろう。

本章は、一貫して学習者自身による人間形成について論じたが、これによって老年期の人間形成の場合もやはりまず学習者主体自身の人間らしい生き方こそが大切であることが明らかになった。今後はさらに、老年期の学習者をとりまく人たちの学習援助、および学習環境づくりの問題へと研究を発展させていく必要があると考えている。

次に、death education の考察を試みたが、その理論と実践は、まさにこれから求められ、広められていこうとしているものであるとすれば、本章でこの視座を導入した意義はあると考える。

最後に、老年期における人間形成論には、少なくとも、時と所を越えた、また特定の信仰に拘束されない「現世的敬虔」としての「宗教性」や素朴な「宗教心」の概念が求められるであろう。本章を通して、これこそが、「良心」にほかならない、ということが明らかにされたと思われる。

参考文献

岡田渥美編著『老いと死――人間形成論的考察――』玉川大学出版部、一九九四年。

アルフォンス・デーケン著『生と死の教育』岩波書店、二〇〇一年。

シャーウイン・B・ヌーランド著、鈴木主税訳『人間らしい死にかた』河出書房新社、一九九五年。

和田修二著『教育の本道』玉川大学出版部、二〇〇二年。

浜田晋著『老いを生きる意味』岩波書店、二〇〇一年。

参考資料

資料1　教育関係法規抄（原則として平成21年3月末現在による）

日本国憲法（昭和21年11月3日公布）

第三章　国民の権利及び義務

第14条　すべて国民は、法の下に平等であつて、人種、信条、性別、社会的身分又は門地により、政治的、経済的又は社会的関係において、差別されない。（以下省略）

第19条　思想及び良心の自由は、これを侵してはならない。

第20条　信教の自由は、何人に対してもこれを保障する。いかなる宗教団体も、国から特権を受け、又は政治上の権力を行使してはならない。

② 何人も、宗教上の行為、祝典、儀式又は行事に参加することを強制されない。

③ 国及びその機関は、宗教教育その他いかなる宗教的活動もしてはならない。

第21条　集会、結社及び言論、出版その他一切の表現の自由は、これを保障する。

② 検閲は、これをしてはならない。通信の秘密は、これを侵してはならない。

第23条　学問の自由は、これを保障する。

第26条　すべて国民は、法律の定めるところにより、その能力に応じて、ひとしく教育を受ける権利を有する。

② すべて国民は、法律の定めるところにより、その保護する子女に普通教育を受けさせる義務を負ふ。義務教育は、これを無償とする。

第27条　すべて国民は、勤労の権利を有し、義務を負ふ。

② 賃金、就業時間、休息その他の勤労条件に関する基準は、法律でこれを定める。

③ 児童は、これを酷使してはならない。

第十一章　補足

第100条　この憲法は、公布の日から起算して六箇月を経過した日（昭22年5月3日）から、これを施行する。（以下省略）

教育基本法（昭和22年3月31日　法律第25号
改正　平成18年12月22日　法律第120号）

前文

我々日本国民は、たゆまぬ努力によって築いてきた民主的で文化的な国家を更に発展させるとともに、世界の平和と人類の福祉の向上に貢献することを願うものである。

我々は、この理想を実現するため、個人の尊厳を重んじ、真理と正義を希求し、公共の精神を尊び、豊かな人間性と創造性を備えた人間の育成を期するとともに、伝統を継承し、新しい文化の創造を目指す教育を推進する。

ここに、我々は、日本国憲法の精神にのっとり、我が国の未来を切り拓《ひら》く教育の基本を確立し、その振興を図るため、この法律を制定する。

第一章　教育の目的及び理念

（教育の目的）

第1条　教育は、人格の完成を目指し、平和で民主的な国家及び社会の形成者として必要な資質を備えた心身ともに健康な国民の育成を期して行われなければならない。

（教育の目標）

第2条　教育は、その目的を実現するため、学問の自由を尊重しつつ、次に掲げる目標を達成するよう行われるものとする。

1　幅広い知識と教養を身に付け、真理を求める態度を養い、豊かな情操と道徳心を培うとともに、健やかな身体を養うこと。

2　個人の価値を尊重して、その能力を伸ばし、創造性を培い、自主及び自律の精神を養うとともに、職業及び生活との関連を重視し、勤労を重んずる態度を養うこと。

3　正義と責任、男女の平等、自他の敬愛と協力を重んずるとともに、公共の精神に基づき、主体的に社会の形成に参画し、その発展に寄与する態度を養うこと。

4　生命を尊び、自然を大切にし、環境の保全に寄与する態度を養うこと。

5　伝統と文化を尊重し、それらをはぐくんできた我が国と郷土を愛するとともに、他国を尊重し、国際社会の平和と発展に寄与する態度を養うこと。

（生涯学習の理念）

第3条　国民一人一人が、自己の人格を磨き、豊かな人生を送ることができるよう、その生涯にわたって、あらゆる機会に、あらゆる場所において学習することができ、その成果を適切に生かすことのできる社会の実現が図られなければならない。

（教育の機会均等）

第4条　すべて国民は、ひとしく、その能力に応じた教育を受ける機会を与えられなければならず、人種、信条、性別、社会的身分、経済的地位又は門地によって、教育上差別されない。

2　国及び地方公共団体は、障害のある者が、その障害の状態に応じ、十分な教育を受けられるよう、教育上必要な支援を講じなければならない。

3　国及び地方公共団体は、能力があるにもかかわらず、経済的理由によって修学が困難な者に対して、奨学の措置を講じなければならない。

第二章　教育の実施に関する基本

（義務教育）

第5条　国民は、その保護する子に、別に法律で定めるところにより、普通教育を受けさせる義務を負う。

2　義務教育として行われる普通教育は、各個人の有する能力を伸ばしつつ社会において自立的に生きる基礎を培い、また、国家及び社会の形成者として必要とされる基本的な資質を養うことを目的として行われるものとする。

3　国及び地方公共団体は、義務教育の機会を保障し、その水準を確保するため、適切な役割分担及び相互の協力の下、その実施に責任を負う。

4　国又は地方公共団体の設置する学校における義務教育については、授業料を徴収しない。

（学校教育）

第6条　法律に定める学校は、公の性質を有するものであって、国、地方公共団体及び法律に定める法人のみが、これを設置することができる。

2　前項の学校においては、教育の目標が達成されるよう、教育を受ける者の心身の発達に応じて、体系的な教育が組織的に行われなければならない。この場合において、教育を受ける者が、学校生活を営む上で必要な規律を重んずるとともに、自ら進んで学習に取り組む意欲を高めることを重視して行われなければならない。

（大学）

第7条　大学は、学術の中心として、高い教養と専門的能力を培うとともに、深く真理を探究して新たな知見を創造し、これらの成果を広く社会に提供することにより、社会の発展に寄与するものとする。

2　大学については、自主性、自律性その他の大学における教育及び研究の特性が尊重されなければならない。

（私立学校）

第8条　私立学校の有する公の性質及び学校教育において果たす重要な役割にかんがみ、国及び地方公共団体は、その自主性を尊重しつつ、助成その他の適当な方法によって私立学校教育の振興に努めなければならない。

（教員）

第9条　法律に定める学校の教員は、自己の崇高な使命を深く自覚し、絶えず研究と修養に励み、その職責の遂行に努めなければならない。

2　前項の教員については、その使命と職責の重要性にかんがみ、その身分は尊重され、待遇の適正が期せられるとともに、養成と研修の充実が図られなければならない。

（家庭教育）

第10条 父母その他の保護者は、子の教育について第一義的責任を有するものであって、生活のために必要な習慣を身に付けさせるとともに、自立心を育成し、心身の調和のとれた発達を図るよう努めるものとする。

2 国及び地方公共団体は、家庭教育の自主性を尊重しつつ、保護者に対する学習の機会及び情報の提供その他の家庭教育を支援するために必要な施策を講ずるよう努めなければならない。

（幼児期の教育）

第11条 幼児期の教育は、生涯にわたる人格形成の基礎を培う重要なものであることにかんがみ、国及び地方公共団体は、幼児の健やかな成長に資する良好な環境の整備その他適当な方法によって、その振興に努めなければならない。

（社会教育）

第12条 個人の要望や社会の要請にこたえ、社会において行われる教育は、国及び地方公共団体によって奨励されなければならない。

2 国及び地方公共団体は、図書館、博物館、公民館その他の社会教育施設の設置、学校の施設の利用、学習の機会及び情報の提供その他の適当な方法によって社会教育の振興に努めなければならない。

（学校、家庭及び地域住民等の相互の連携協力）

第13条 学校、家庭及び地域住民その他の関係者は、教育におけるそれぞれの役割と責任を自覚するとともに、相互の連携及び協力に努めるものとする。

（政治教育）

第14条 良識ある公民として必要な政治的教養は、教育上尊重されなければならない。

2 法律に定める学校は、特定の政党を支持し、又はこれに反対するための政治教育その他政治的活動をしてはならない。

（宗教教育）

第15条 宗教に関する寛容の態度、宗教に関する一般的な教養及び宗教の社会生活における地位は、教育上尊重されなければならない。

2 国及び地方公共団体が設置する学校は、特定の宗教のための宗教教育その他宗教的活動をしてはならない。

第三章 教育行政

（教育行政）

第16条 教育は、不当な支配に服することなく、この法律及び他の法律の定めるところにより行われるべきものであり、教育行政は、国と地方公共団体との適切な役割分担及び相互の協力の下、公正かつ適正に行われなければならない。

2 国は、全国的な教育の機会均等と教育水準の維持向上を図るため、教育に関する施策を総合的に策定し、実施しなければならない。

3 地方公共団体は、その地域における教育の振興を図るため、その実情に応じた教育に関する施策を策定し、実施しなければならない。

4　国及び地方公共団体は、教育が円滑かつ継続的に実施されるよう、必要な財政上の措置を講じなければならない。

（教育振興基本計画）

第17条　政府は、教育の振興に関する施策の総合的かつ計画的な推進を図るため、教育の振興に関する施策についての基本的な方針及び講ずべき施策その他必要な事項について、基本的な計画を定め、これを国会に報告するとともに、公表しなければならない。

2　地方公共団体は、前項の計画を参酌し、その地域の実情に応じ、当該地方公共団体における教育の振興のための施策に関する基本的な計画を定めるよう努めなければならない。

第四章　法令の制定

第18条　この法律に規定する諸条項を実施するため、必要な法令が制定されなければならない。

附　則

1　この法律は、公布の日から施行する。

（以下省略）

学校教育法（昭和22年3月31日　法律第26号
改正　平成19年6月27日　法律第98号）

第一章　総則

［学校の定義］

第1条　この法律で、学校とは、幼稚園、小学校、中学校、高等学校、中等教育学校、特別支援学校、大学及び高等専門学校とする。

［児童・生徒・学生の懲戒］

第11条　校長及び教員は、教育上必要があると認めるときは、文部科学大臣の定めるところにより、児童、生徒及び学生に懲戒を加えることができる。ただし、体罰を加えることはできない。

第二章　義務教育

［就学義務］

第16条　保護者（子に対して親権を行う者（親権を行う者のないときは、未成年後見人）をいう。以下同じ。）は、次条に定めるところにより、子に9年の普通教育を受けさせる義務を負う。

第17条　保護者は、子の満6歳に達した日の翌日以後における最初の学年の初めから、満12歳に達した日の属する学年の終わりまで、これを小学校又は特別支援学校の小学部に就学させる義務を負う。ただし、子が、満12歳に達した日の属する学年の終わりまでに小学校又は特別支援学校の小学部の課程を修了しないときは、満15歳に達した日の属する学年の終わり（それまでの間において当該課程を修了したときは、その修了した日の属する学年の終わり）までとする。

② 保護者は、子が小学校又は特別支援学校の小学部の課程を修了した日の翌日以後における最初の学年の初めから、満15歳に達した日の属する学年の終わりまで、これを中学校、中等教育学校の前期課程又は特別支援学校の中学部に就学させる義務を負う。

③ 前2項の義務の履行の督促その他これらの義務の履行に関し必要な事項は、政令で定める。

〔病弱等による就学義務の猶予・免除〕

第18条 前条第1項又は第2項の規定によつて、保護者が就学させなければならない子（以下それぞれ「学齢児童」又は「学齢生徒」という。）で、病弱、発育不完全その他やむを得ない事由のため、就学困難と認められる者の保護者に対しては、市町村の教育委員会は、文部科学大臣の定めるところにより、同条第1項又は第2項の義務を猶予又は免除することができる。

〔就学の援助〕

第19条 経済的理由によつて、就学困難と認められる学齢児童又は学齢生徒の保護者に対しては、市町村は、必要な援助を与えなければならない。

〔学齢児童・生徒使用者の義務〕

第20条 学齢児童又は学齢生徒を使用する者は、その使用によつて、当該学齢児童又は学齢生徒が、義務教育を受けることを妨げてはならない。

〔義務教育の目標〕

第21条 義務教育として行われる普通教育は、教育基本法（平成18年法律第120号）第5条第2項に規定する目的を実現するため、次に掲げる目標を達成するよう行われるものとする。

1 学校内外における社会的活動を促進し、自主、自律及び協同の精神、規範意識、公正な判断力並びに公共の精神に基づき主体的に社会の形成に参画し、その発展に寄与する態度を養うこと。

2 学校内外における自然体験活動を促進し、生命及び自然を尊重する精神並びに環境の保全に寄与する態度を養うこと。

3 我が国と郷土の現状と歴史について、正しい理解に導き、伝統と文化を尊重し、それらをはぐくんできた我が国と郷土を愛する態度を養うとともに、進んで外国の文化の理解を通じて、他国を尊重し、国際社会の平和と発展に寄与する態度を養うこと。

4 家族と家庭の役割、生活に必要な衣、食、住、情報、産業その他の事項について基礎的な理解と技能を養うこと。

5 読書に親しませ、生活に必要な国語を正しく理解し、使用する基礎的な能力を養うこと。

6　生活に必要な数量的な関係を正しく理解し、処理する基礎的な能力を養うこと。
7　生活にかかわる自然現象について、観察及び実験を通じて、科学的に理解し、処理する基礎的な能力を養うこと。
8　健康、安全で幸福な生活のために必要な習慣を養うとともに、運動を通じて体力を養い、心身の調和的発達を図ること。
9　生活を明るく豊かにする音楽、美術、文芸その他の芸術について基礎的な理解と技能を養うこと。
10　職業についての基礎的な知識と技能、勤労を重んずる態度及び個性に応じて将来の進路を選択する能力を養うこと。

第三章　幼稚園

［保育の目的］
第22条　幼稚園は、義務教育及びその後の教育の基礎を培うものとして、幼児を保育し、幼児の健やかな成長のために適当な環境を与えて、その心身の発達を助長することを目的とする。
［保育の目標］
第23条　幼稚園における教育は、前条に規定する目的を実現するため、次に掲げる目標を達成するよう行われるものとする。
1　健康、安全で幸福な生活のために必要な基本的な習慣を養い、身体諸機能の調和的発達を図ること。
2　集団生活を通じて、喜んでこれに参加する態度を養うとともに家族や身近な人への信頼感を深め、自主、自律及び協同の精神並びに規範意識の芽生えを養うこと。
3　身近な社会生活、生命及び自然に対する興味を養い、それらに対する正しい理解と態度及び思考力の芽生えを養うこと。
4　日常の会話や、絵本、童話等に親しむことを通じて、言葉の使い方を正しく導くとともに、相手の話を理解しようとする態度を養うこと。
5　音楽、身体による表現、造形等に親しむことを通じて、豊かな感性と表現力の芽生えを養うこと。

第四章　小学校

［教育の目的］
第29条　小学校は、心身の発達に応じて、義務教育として行われる普通教育のうち基礎的なものを施すことを目的とする。
［教育の目標］
第30条　小学校における教育は、前条に規定する目的を実現するために必要な程度において第21条各号に掲げる目標を達成するよう行われるものとする。
②　前項の場合においては、生涯にわたり学習する基盤が培われるよう、基礎的な知識及び技能を習得させるとともに、これらを活用して課題を解決するために必要な思考力、判断力、表現力その他の能力をはぐくみ、主体的に学習に取り組む態

度を養うことに、特に意を用いなければならない。

［体験活動］

第31条 小学校においては、前条第1項の規定による目標の達成に資するよう、教育指導を行うに当たり、児童の体験的な学習活動、特にボランティア活動など社会奉仕体験活動、自然体験活動その他の体験活動の充実に努めるものとする。この場合において、社会教育関係団体その他の関係団体及び関係機関との連携に十分配慮しなければならない。

［修業年限］

第32条 小学校の修業年限は、6年とする。

［教科用図書・教材の使用］

第34条 小学校においては、文部科学大臣の検定を経た教科用図書又は文部科学省が著作の名義を有する教科用図書を使用しなければならない。

② 前項の教科用図書以外の図書その他の教材で、有益適切なものは、これを使用することができる。

（以下省略）

［児童の出席停止］

第35条 市町村の教育委員会は、次に掲げる行為の1又2以上を繰り返し行う等性行不良であつて他の児童の教育に妨げがあると認める児童があるときは、その保護者に対して、児童の出席停止を命ずることができる。

1 他の児童に傷害、心身の苦痛又は財産上の損失を与える行為

2 職員に傷害又は心身の苦痛を与える行為

3 施設又は設備を損壊する行為

4 授業その他の教育活動の実施を妨げる行為

② 市町村の教育委員会は、前項の規定により出席停止を命ずる場合には、あらかじめ保護者の意見を聴取するとともに、理由及び期間を記載した文書を交付しなければならない。

（以下省略）

［小学校の設置義務］

第38条 市町村は、その区域内にある学齢児童を就学させるに必要な小学校を設置しなければならない。

［私立小学校の所管庁］

第44条 私立の小学校は、都道府県知事の所管に属する。

第五章　中学校

［教育の目的］

第45条 中学校は、小学校における教育の基礎の上に、心身の発達に応じて、義務教育として行われる普通教育を施すことを目的とする。

［教育の目標］

第46条 中学校における教育は、前条に規定する目的を実現するため、第21条各号に掲げる目標を達成するよう行われるものとする。

［修業年限］

第47条 中学校の修業年限は、3年とする。

［準用規程］

第49条　第30条第2項、第31条、第34条、第35条及び第37条から第44条までの規定は、中学校に準用する。この場合において、第30条第2項中「前項」とあるのは「第46条」と、第31条中「前条第1項」とあるのは「第46条」と読み替えるものとする。

第六章　高等学校

〔教育の目的〕

第50条　高等学校は、中学校における教育の基礎の上に、心身の発達及び進路に応じて、高度な普通教育及び専門教育を施すことを目的とする。

〔教育の目標〕

第51条　高等学校における教育は、前条に規定する目的を実現するため、次に掲げる目標を達成するよう行われるものとする。

1　義務教育として行われる普通教育の成果を更に発展拡充させて、豊かな人間性、創造性及び健やかな身体を養い、国家及び社会の形成者として必要な資質を養うこと。

2　社会において果たさなければならない使命の自覚に基づき、個性に応じて将来の進路を決定させ、一般的な教養を高め、専門的な知識、技術及び技能を習得させること。

3　個性の確立に努めるとともに、社会について、広く深い理解と健全な批判力を養い、社会の発展に寄与する態度を養うこと。

〔修業年限〕

第56条　高等学校の修業年限は、全日制の課程については、3年とし、定時制の課程及び通信制の課程については、3年以上とする。

〔入学資格〕

第57条　高等学校に入学することのできる者は、中学校若しくはこれに準ずる学校を卒業した者若しくは中等教育学校の前期課程を修了した者又は文部科学大臣の定めるところにより、これと同等以上の学力があると認められた者とする。

〔準用規程〕

第62条　第30条第2項、第31条、第34条、(中略)第44条の規定は、高等学校に準用する。この場合において、第30条第2項中「前項」とあるのは「第51条」と、第31条中「前条第1項」とあるのは「第51条」と読み替えるものとする。

第七章　中等教育学校

〔教育の目的〕

第63条　中等教育学校は、小学校における教育の基礎の上に、心身の発達及び進路に応じて、義務教育として行われる普通教育並びに高度な普通教育及び専門教育を一貫して施すことを目的とする。

〔教育の目標〕

第64条　中等教育学校における教育は、前条に規定する目的を実現するため、次に掲げる目標を達成するよう行われるものとする。

1　豊かな人間性、創造性及び健やかな身体を養い、国家及び社会の形成者として必要な資質を養うこと。

2　社会において果たさなければならない使命の自覚に基づき、個性に応じて将来の進路を決定させ、一般的な教養を高め、専門的な知識、技術及び技能を習得させること。

3　個性の確立に努めるとともに、社会について、広く深い理解と健全な批判力を養い、社会の発展に寄与する態度を養うこと。

［修業年限］

第65条　中等教育学校の修業年限は、6年とする。

［課程の区分］

第66条　中等教育学校の課程は、これを前期3年の前期課程及び後期三年の後期課程に区分する。

［各課程の教育の目標］

第67条　中等教育学校の前期課程における教育は、第63条に規定する目的のうち、小学校における教育の基礎の上に、心身の発達に応じて、義務教育として行われる普通教育を施すことを実現するため、第21条各号に掲げる目標を達成するよう行われるものとする。

②　中等教育学校の後期課程における教育は、第63条に規定する目的のうち、心身の発達及び進路に応じて、高度な普通教育及び専門教育を施すことを実現するため、第64条各号に掲げる目標を達成するよう行われるものとする。

［準用規程］

第70条　第30条第2項、第31条、第34条、（中略）第44条は中等教育学校に、それぞれ準用する。この場合において、第30条第2項中「前項」とあるのは「第64条」と、第31条中「前条第1項」とあるのは「第64条」と読み替えるものとする。

［中高一貫教育］

第71条　同一の設置者が設置する中学校及び高等学校においては、文部科学大臣の定めるところにより、中等教育学校に準じて、中学校における教育と高等学校における教育を一貫して施すことができる。

第八章　特別支援教育

［特別支援学校の目的］

第72条　特別支援学校は、視覚障害者、聴覚障害者、知的障害者、肢体不自由者又は病弱者（身体虚弱者を含む。以下同じ。）に対して、幼稚園、小学校、中学校又は高等学校に準ずる教育を施すとともに、障害による学習上又は生活上の困難を克服し自立を図るために必要な知識技能を授けることを目的とする。

［特別支援学級への助言・援助］

第74条　特別支援学校においては、第72条に規定する目的を実現するための教育を行うほか、幼稚園、小学校、中学校、高等学校又は中等教育学校の要請に応じて、第81条第1項に規定する幼児、児童又は生徒の教育に関し必要な助言又は援助を行うよう努めるものとする。

〔小学部・中学部・幼稚部・高等部〕

第76条 特別支援学校には、小学部及び中学部を置かなければならない。ただし、特別の必要のある場合においては、そのいずれかのみを置くことができる。

② 特別支援学校には、小学部及び中学部のほか、幼稚部又は高等部を置くことができ、また、特別の必要のある場合においては、前項の規定にかかわらず、小学部及び中学部を置かないで幼稚部又は高等部のみを置くことができる。

〔教育課程・保育内容・学科〕

第77条 特別支援学校の幼稚部の教育課程その他の保育内容、小学部及び中学部の教育課程又は高等部の学科及び教育課程に関する事項は、幼稚園、小学校、中学校又は高等学校に準じて、文部科学大臣が定める。

〔特別支援学級〕

第81条 幼稚園、小学校、中学校、高等学校及び中等教育学校においては、次項各号のいずれかに該当する幼児、児童及び生徒その他教育上特別の支援を必要とする幼児、児童及び生徒に対し、文部科学大臣の定めるところにより、障害による学習上又は生活上の困難を克服するための教育を行うものとする。

② 小学校、中学校、高等学校及び中等教育学校には、次の各号のいずれかに該当する児童及び生徒のために、特別支援学級を置くことができる。

1 知的障害者
2 肢体不自由者
3 身体虚弱者
4 弱視者
5 難聴者
6 その他障害のある者で、特別支援学級において教育を行うことが適当なもの

③ 前項に規定する学校においては、疾病により療養中の児童及び生徒に対して、特別支援学級を設け、又は教員を派遣して、教育を行うことができる。

第九章 大 学

〔目的〕

第83条 大学は、学術の中心として、広く知識を授けるとともに、深く専門の学芸を教授研究し、知的、道徳的及び応用的能力を展開させることを目的とする。

② 大学は、その目的を実現するための教育研究を行い、その成果を広く社会に提供することにより、社会の発展に寄与するものとする。

第十章 高等専門学校

〔目的〕

第115条 高等専門学校は、深く専門の学芸を教授し、職業に必要な能力を育成することを目的とする。

② 高等専門学校は、その目的を実現するための教育を行い、

その成果を広く社会に提供することにより、社会の発展に寄与するものとする。

第十一章　専修学校

〔目的〕

第124条　第1条に掲げるもの以外の教育施設で、職業若しくは実際生活に必要な能力を育成し、又は教養の向上を図ることを目的として次の各号に該当する組織的な教育を行うもの（当該教育を行うにつき他の法律に特別の規定があるもの及び我が国に居住する外国人を専ら対象とするものを除く。）は、専修学校とする。

1　修業年限が1年以上であること。

2　授業時数が文部科学大臣の定める授業時数以上であること。

3　教育を受ける者が常時40人以上であること。

附　則（平成19年6月27日　法律第98号）

第1条　この法律は、平成20年4月1日から施行する。

学校教育法施行規則（昭和22年5月23日文部省令第11号）

改正　平成20年3月28日文部科学省令第5号）

第一章　総　則

第1節　設置廃止等

〔学校の施設設備と教育環境〕

第1条　学校には、その学校の目的を実現するために必要な校地、校舎、校具、運動場、図書館又は図書室、保健室その他の設備を設けなければならない。

②　学校の位置は、教育上適切な環境に、これを定めなければならない。

〔指導要録〕

第24条　校長は、その学校に在学する児童等の指導要録（学校教育法施行令第31条に規定する児童等の学習及び健康の状況を記録した書類の原本をいう。以下同じ。）を作成しなければならない。

②　校長は、児童等が進学した場合においては、その作成に係る当該児童等の指導要録の抄本又は写しを作成し、これを進学先の校長に送付しなければならない。

③　校長は、児童等が転学した場合においては、その作成に係る当該児童等の指導要録の写しを作成し、その写し（転学してきた児童等については転学により送付を受けた指導要録の写しを含む。）及び前項の抄本又は写しを転学先の校長に送

付しなければならない。

［出席簿］

第25条　校長（学長を除く。）は、当該学校に在学する児童等について出席簿を作成しなければならない。

［懲戒］

第26条　校長及び教員が児童等に懲戒を加えるに当つては、児童等の心身の発達に応ずる等教育上必要な配慮をしなければならない。

② 懲戒のうち、退学、停学及び訓告の処分は、校長（大学にあつては、学長の委任を受けた学部長を含む。）が行う。

③ 前項の退学は、公立の小学校、中学校（学校教育法第71条の規定により高等学校における教育と一貫した教育を施すもの（以下「併設型中学校」という。）を除く。）又は特別支援学校に在学する学齢児童又は学齢生徒を除き、次の各号のいずれかに該当する児童等に対して行うことができる。

1　性行不良で改善の見込がないと認められる者
2　学力劣等で成業の見込がないと認められる者
3　正当の理由がなくて出席常でない者
4　学校の秩序を乱し、その他学生又は生徒としての本分に反した者

④ 第2項の停学は、学齢児童又は学齢生徒に対しては、行うことができない。

第三章　幼稚園

［教育週数］

第37条　幼稚園の毎学年の教育週数は、特別の事情のある場合を除き、39週を下つてはならない。

［教育課程］

第38条　幼稚園の教育課程その他の保育内容については、この章に定めるもののほか、教育課程その他の保育内容の基準として文部科学大臣が別に公示する幼稚園教育要領によるものとする。

第四章　小学校

第1節　設備編制

［学級数］

第41条　小学校の学級数は、12学級以上18学級以下を標準とする。ただし、地域の実態その他により特別の事情のあるときは、この限りでない。

［校務分掌］

第43条　小学校においては、調和のとれた学校運営が行われるためにふさわしい校務分掌の仕組みを整えるものとする。

［教務主任・学年主任］

第44条　小学校には、教務主任及び学年主任を置くものとする。

2　前項の規定にかかわらず、第4項に規定する教務主任の担当する校務を整理する主幹教諭を置くときその他特別の事情

のあるときは教務主任を、第5項に規定する学年主任の担当する校務を整理する主幹教諭を置くときその他特別の事情のあるときは学年主任を、それぞれ置かないことができる。

3　教務主任及び学年主任は、指導教諭又は教諭をもつて、これに充てる。

4　教務主任は、校長の監督を受け、教育計画の立案その他の教務に関する事項について連絡調整及び指導、助言に当たる。

5　学年主任は、校長の監督を受け、当該学年の教育活動に関する事項について連絡調整及び指導、助言に当たる。

［保健主事］

第45条　小学校においては、保健主事を置くものとする。

2　前項の規定にかかわらず、第4項に規定する保健主事の担当する校務を整理する主幹教諭を置くときその他特別の事情のあるときは、保健主事を置かないことができる。

3　保健主事は、指導教諭、教諭又は養護教諭をもつて、これに充てる。

4　保健主事は、校長の監督を受け、小学校における保健に関する事項の管理に当たる。

［校務を分担する主任等］

第47条　小学校においては、前3条に規定する教務主任、学年主任、保健主事及び事務主任のほか、必要に応じ、校務を分担する主任等を置くことができる。

［学校評議員の設置・運営参加］

第49条　小学校には、設置者の定めるところにより、学校評議員を置くことができる。

2　学校評議員は、校長の求めに応じ、学校運営に関し意見を述べることができる。

3　学校評議員は、当該小学校の職員以外の者で教育に関する理解及び識見を有するもののうちから、校長の推薦により、当該小学校の設置者が委嘱する。

第2節　教育課程

［教育課程の編成］

第50条　小学校の教育課程は、国語、社会、算数、理科、生活、音楽、図画工作、家庭及び体育の各教科（以下この節において「各教科」という。）、道徳、特別活動並びに総合的な学習の時間によつて編成するものとする。

2　私立の小学校の教育課程を編成する場合は、前項の規定にかかわらず、宗教を加えることができる。この場合においては、宗教をもつて前項の道徳に代えることができる。

〔本条は平二〇文科令五により改正されたが、施行は平二三・四・一であるため、改正後の条文を枠で囲んで次に示した。〕

第50条　小学校の教育課程は、国語、社会、算数、理科、生活、音楽、図画工作、家庭及び体育の各教科（以下この節において「各教科」という。）、道徳、外国語活動、総合的な学習の時間並びに特別活動によつて編成するものとする。

2　［同］

［授業時数］

第51条　小学校の各学年における各教科、道徳、特別活動及び総合的な学習の時間のそれぞれの授業時数並びに各学年におけるこれらの総授業時数は、別表第1に定める授業時数を標準とする。

〔本条は平二〇文科令五により改正されたが、施行は平二三・四・一であるため、改正後の条文を枠で囲んで次に示した。〕

> **第51条**　小学校の各学年における各教科、道徳、外国語活動、総合的な学習の時間及び特別活動のそれぞれの授業時数並びに各学年におけるこれらの総授業時数は、別表第一に定める授業時数を標準とする。

〔教育課程の基準〕

第52条　小学校の教育課程については、この節に定めるもののほか、教育課程の基準として文部科学大臣が別に公示する小学校学習指導要領によるものとする。

〔教育課程編成の特例〕

第53条　小学校においては、必要がある場合には、一部の各教科について、これらを合わせて授業を行うことができる。

〔履修困難な各教科の学習指導〕

第54条　児童が心身の状況によつて履修することが困難な各教科は、その児童の心身の状況に適合するように課さなければならない。

〔教育課程の特例〕

第55条　小学校の教育課程に関し、その改善に資する研究を行うため特に必要があり、かつ、児童の教育上適切な配慮がなされていると文部科学大臣が認める場合においては、文部科学大臣が別に定めるところにより、第5条第1項、第51条又は第52条の規定によらないことができる。

〔不登校児童を対象とする特別の教育課程〕

第56条　小学校において、学校生活への適応が困難であるため相当の期間小学校を欠席していると認められる児童を対象として、その実態に配慮した特別の教育課程を編成して教育を実施する必要があると文部科学大臣が認める場合においては、文部科学大臣が別に定めるところにより、第50条第1項、第51条又は第52条の規定によらないことができる。

〔課程の修了・卒業の認定〕

第57条　小学校において、各学年の課程の修了又は卒業を認めるに当たつては、児童の平素の成績を評価して、これを定めなければならない。

〔卒業証書の授与〕

第58条　校長は、小学校の全課程を修了したと認めた者には、卒業証書を授与しなければならない。

第3節　学年及び授業日

〔学年〕

第59条　小学校の学年は、4月1日に始まり、翌年3月31日に終わる。

〔授業開始の時刻〕

第60条　授業終始の時刻は、校長が定める。

〔公立小学校における休業日〕

第61条　公立小学校における休業日は、次のとおりとする。ただし、第3号に掲げる日を除き、特別の必要がある場合は、この限りでない。

1 国民の祝日に関する法律（昭和23年法律第178号）に規定する日

2 日曜日及び土曜日

3 学校教育法施行令第29条 の規定により教育委員会が定める日

［私立小学校における学期・休業日］

第62条 私立小学校における学期及び休業日は、当該学校の学則で定める。

第五章 中学校

［生徒指導主事］

第70条 中学校には、生徒指導主事を置くものとする。

2 前項の規定にかかわらず、第4項に規定する生徒指導主事の担当する校務を整理する主幹教諭を置くときその他特別の事情のあるときは、生徒指導主事を置かないことができる。

3 生徒指導主事は、指導教諭又は教諭をもつて、これに充てる。

4 生徒指導主事は、校長の監督を受け、生徒指導に関する事項をつかさどり、当該事項について連絡調整及び指導、助言に当たる。

［進路・主導主事］

第71条 中学校には、進路指導主事を置くものとする。

2 前項の規定にかかわらず、第3項に規定する進路指導主事の担当する校務を整理する主幹教諭を置くときは、進路指導主事を置かないことができる。

3 進路指導主事は、指導教諭又は教諭をもつて、これに充てる。校長の監督を受け、生徒の職業選択の指導その他の進路の指導に関する事項をつかさどり、当該事項について連絡調整及び指導、助言に当たる。

［教育課程の編成］

第72条 中学校の教育課程は、必修教科、選択教科、道徳、特別活動及び総合的な学習の時間によつて編成するものとする。

2 必修教科は、国語、社会、数学、理科、音楽、美術、保健体育、技術・家庭及び外国語（以下この条において「国語等」という。）の各教科とする。

3 選択教科は、国語等の各教科及び第74条に規定する中学校学習指導要領で定めるその他特に必要な教科とし、これらのうちから、地域及び学校の実態並びに生徒の特性その他の事情を考慮して設けるものとする。

〔本条は平二〇文科令五により改正されたが、施行は平二四・四・一であるため、改正後の条文を枠で囲んで次に示した。〕

> **第72条** 中学校の教育課程は、国語、社会、数学、理科、音楽、美術、保健体育、技術・家庭及び外国語の各教科（以下本章及び第七章中「各教科」という。）、道徳、総合的な学習の時間並びに特別活動によつて編成するものとする。
>
> 〔2・3 削除〕

〔授業時数〕

第73条　中学校（併設型中学校及び第75条第2項に規定する連携型中学校を除く。）の各学年における必修教科、道徳、特別活動及び総合的な学習の時間のそれぞれの授業時数、各学年における選択教科等に充てる授業時数並びに各学年におけるこれらの総授業時数は、別表第2に定める授業時数を標準とする。

〔本条は平二〇文科令五により改正されたが、施行は平二四・四・一であるため、改正後の条文を枠で囲んで次に示した。〕

> **第73条**　中学校（併設型中学校及び第75条第2項に規定する連携型中学校を除く。）の各学年における各教科、道徳、総合的な学習の時間及び特別活動のそれぞれの授業時数並びに各学年におけるこれらの総授業時数は、別表第二に定める授業時数を標準とする。

〔教育課程の基準〕

第74条　中学校の教育課程については、この章に定めるもののほか、教育課程の基準として文部科学大臣が別に公示する中学校学習指導要領によるものとする。

〔連携型中学校の教育課程〕

第75条　中学校（併設型中学校を除く。）においては、高等学校における教育との一貫性に配慮した教育を施すため、当該中学校の設置者が当該高等学校の設置者との協議に基づき定めるところにより、教育課程を編成することができる。

2　前項の規定により教育課程を編成する中学校（以下「連携型中学校」という。）は、第87条第1項の規定により教育課程を編成する高等学校と連携し、その教育課程を実施するものとする。

〔連携型中学校の授業時数等〕

第76条　連携型中学校の各学年における必修教科、道徳、特別活動及び総合的な学習の時間のそれぞれの授業時数、各学年における選択教科等に充てる授業時数並びに各学年におけるこれらの総授業時数は、別表第4に定める授業時数を標準とする。

〔本条は平二〇文科令五により改正されたが、施行は平二四・四・一であるため、改正後の条文を枠で囲んで次に示した。〕

> **第76条**　連携型中学校の各学年における各教科、道徳、総合的な学習の時間及び特別活動のそれぞれの授業時数並びに各学年におけるこれらの総授業時数は、別表第四に定める授業時数を標準とする。

第六章　高等学校

第1節　設備、編制、学科及び教育課程

〔教育課程の編成〕

第83条　高等学校の教育課程は、別表第3に定める各教科に属する科目、特別活動及び総合的な学習の時間によつて編成するものとする。

〔教育課程の基準〕

第84条　高等学校の教育課程については、この章に定めるもののほか、教育課程の基準として文部科学大臣が別に公示する高等学校学習指導要領によるものとする。

［連携型高等学校の教育課程］

第87条　高等学校（学校教育法第71条の規定により中学校における教育と一貫した教育を施すもの（以下「併設型高等学校」という。）を除く。）においては、中学校における教育との一貫性に配慮した教育を施すため、当該高等学校の設置者が当該中学校の設置者との協議に基づき定めるところにより、教育課程を編成することができる。

2　前項の規定により教育課程を編成する高等学校（以下「連携型高等学校」という。）は、連携型中学校と連携し、その教育課程を実施するものとする。

［教科用図書の特例］

第89条　高等学校においては、文部科学大臣の検定を経た教科用図書又は文部科学省が著作の名義を有する教科用図書のない場合には、当該高等学校の設置者の定めるところにより、他の適切な教科用図書を使用することができる。

第2節　入学、退学、転学、留学、休学及び卒業等

［校長の全課程修了の認定］

第96条　校長は、生徒の高等学校の全課程の修了を認めるに当たつては、高等学校学習指導要領の定めるところにより、74単位以上を修得した者について行わなければならない。

（以下省略）

第七章　中等教育学校並びに併設型中学校及び併設型高等学校

第1節　中等教育学校

［前期課程の授業時数］

第107条　次条第1項において準用する第72条に規定する中等教育学校の前期課程の各学年における必修教科、道徳、特別活動及び総合的な学習の時間のそれぞれの授業時数、各学年におけるこれらの総授業時数は、別表第4に定める授業時数を標準とする。

［本条は平二〇文科令五により改正されたが、施行は平二四・四・一であるため、改正後の条文を枠で囲んで次に示した。］

> **第107条**　次条第一項において準用する第72条に規定する中等教育学校の前期課程の各学年における各教科、道徳、総合的な学習の時間及び特別活動のそれぞれの授業時数並びに各学年におけるこれらの総授業時数は、別表第四に定める授業時数を標準とする。

［教育課程の基準］

第108条　中等教育学校の前期課程の教育課程については、第50条第2項、第55条から第56条まで及び第72条の規定並びに第74条の規定に基づき文部科学大臣が公示する中学校学習指導要領の規定を準用する。この場合において、第55条から第56条までの規定中「第50条第1項、第51条又は第52条」とあるのは、「第107条又は第108条第1項において準用する第72条若

しくは第74条の規定に基づき文部科学大臣が公示する中学校学習指導要領」と、第55条の2中「第30条第1項」とあるのは「第67条第1項」と読み替えるものとする。
2 中等教育学校の後期課程の教育課程については、（中略）高等学校学習指導要領の規定を準用する。
（以下省略）

第八章 特別支援教育

［一学級の児童、生徒の数］
第120条 特別支援学校の幼稚部において、主幹教諭、指導教諭又は教諭（以下「教諭等」という。）1人の保育する幼児数は、8人以下を標準とする。
2 特別支援学校の小学部又は中学部の1学級の児童又は生徒の数は、法令に特別の定めのある場合を除き、視覚障害者又は聴覚障害者である児童又は生徒に対する教育を行う学級にあつては10人以下を、知的障害者、肢体不自由者又は病弱者（身体虚弱者を含む。以下同じ。）である児童又は生徒に対する教育を行う学級にあつては15人以下を標準とし、高等部の同時に授業を受ける1学級の生徒数は、15人以下を標準とする。

［学級編成］
第121条 特別支援学校の小学部、中学部又は高等部の学級は、同学年の児童又は生徒で編制するものとする。ただし、特別の事情がある場合においては、数学年の児童又は生徒を1学級に編制することができる。
2 特別支援学校の幼稚部における保育は、特別の事情のある場合を除いては、視覚障害者、聴覚障害者、知的障害者、肢体不自由者及び病弱者の別ごとに行うものとする。
3 特別支援学校の小学部、中学部又は高等部の学級は、特別の事情のある場合を除いては、視覚障害者、聴覚障害者、知的障害者、肢体不自由者又は病弱者の別ごとに編制するものとする。

［教員の配置］
第122条 特別支援学校の幼稚部においては、同時に保育される幼児数8人につき教諭等を1人置くことを基準とする。
2 特別支援学校の小学部においては、校長のほか、1学級当たり教諭等を1人以上置かなければならない。
3 特別支援学校の中学部においては、1学級当たり教諭等を2人置くことを基準とする。
4 視覚障害者である生徒及び聴覚障害者である生徒に対する教育を行う特別支援学校の高等部においては、自立教科（理療、理学療法、理容その他の職業についての知識技能の修得に関する教科をいう。）を担任するため、必要な数の教員を置かなければならない。
5 前4項の場合において、特別の事情があり、かつ、教育上支障がないときは、校長、副校長若しくは教頭が教諭等を兼ね、又は助教諭若しくは講師をもつて教諭等に代えることができる。

［小学部の教育課程］

第126条　特別支援学校の小学部の教育課程は、国語、社会、算数、理科、生活、音楽、図画工作、家庭及び体育の各教科（知的障害者である児童を教育する場合は生活、国語、算数、音楽、図画工作及び体育の各教科とする。）、道徳、特別活動、自立活動並びに総合的な学習の時間（知的障害者である児童を教育する場合を除く。）によつて編成するものとする。

［中学部の教育課程］

第127条　特別支援学校の中学部の教育課程は、必修教科、選択教科、道徳、特別活動、自立活動及び総合的な学習の時間によつて編成するものとする。

2　必修教科は、国語、社会、数学、理科、音楽、美術、保健体育、技術・家庭及び外国語（次項において「国語等」という。）の各教科（知的障害者である生徒を教育する場合は国語、社会、数学、理科、音楽、美術、保健体育及び職業・家庭の各教科とする。）とする。

3　選択教科は、国語等の各教科（知的障害者である生徒を教育する場合は外国語とする。）及び第129条に規定する特別支援学校小学部・中学部学習指導要領で定めるその他特に必要な教科とし、これらのうちから、地域及び学校の実態並びに生徒の特性その他の事情を考慮して設けるものとする。

［高等部の教育課程］

第128条　特別支援学校の高等部の教育課程は、別表第3及び別表第5に定める各教科に属する科目（知的障害者である生徒を教育する場合は国語、社会、数学、理科、音楽、美術、保健体育、職業、家庭、外国語、情報、家政、農業、工業及び流通・サービスの各教科並びに第129条に規定する特別支援学校高等部学習指導要領で定めるこれら以外の教科とする。）、特別活動（知的障害者である生徒を教育する場合は、道徳及び特別活動とする。）、自立活動及び総合的な学習の時間によつて編成するものとする。

附　則　この省令は、平成20年4月1日から施行する。ただし、第50条、第51条及び別表第1の改正規定は平成23年4月1日から、第72条、第73条、第76条、第107条、別表第2及び別表第4の改正規定は平成24年4月1日から施行する。

別表第1（第51条関係）

区分		第一学年	第二学年	第三学年	第四学年	第五学年	第六学年
各教科の授業時数	国語	二七二	二八〇	二三五	二三五	一八〇	一七五
	社会			七〇	八五	九〇	一〇〇
	算数	一一四	一五五	一五〇	一五〇	一五〇	一五〇
	理科			七〇	九〇	九五	九五
	生活	一〇二	一〇五				
	音楽	六八	七〇	六〇	六〇	五〇	五〇
	図画工作	六八	七〇	六〇	六〇	五〇	五〇
	家庭					六〇	五五
	体育	九〇	九〇	九〇	九〇	九〇	九〇
道徳の授業時数		三四	三五	三五	三五	三五	三五
特別活動の授業時数		三四	三五	三五	三五	三五	三五
総合的な学習の時間の授業時数				一〇五	一〇五	一一〇	一一〇
総授業時数		七八二	八四〇	九一〇	九四五	九四五	九四五

備　考

1　この表の授業時数の一単位時間は、四十五分とする。

2　特別活動の授業時数は、小学校学習指導要領で定める学級活動（学校給食に係るものを除く。）に充てるものとする。

3　第50条第2項の場合において、道徳のほかに宗教を加えるときは、宗教の授業時数をもつてこの表の道徳の授業時数の一部に代えることができる。（別表第二及び別表第四の場合においても同様とする。）

〔本表は平二〇文科令五により改正されたが、施行は平二四・四・一であるため、改正後の表を枠で囲んで次に示した。〕

別表第1（第51条関係）

区分		第一学年	第二学年	第三学年	第四学年	第五学年	第六学年
各教科の授業時数	国語	三〇六	三一五	二四五	二四五	一七五	一七五
	社会			七〇	九〇	一〇〇	一〇五
	算数	一三六	一七五	一七五	一七五	一七五	一七五
	理科			九〇	一〇五	一〇五	一〇五
	生活	一〇二	一〇五				
	音楽	六八	七〇	六〇	六〇	五〇	五〇
	図画工作	六八	七〇	六〇	六〇	五〇	五〇
	家庭					六〇	五五
	体育	一〇二	一〇五	一〇五	一〇五	九〇	九〇
道徳の授業時数		三四	三五	三五	三五	三五	三五
外国語活動の授業時間数						三五	三五
総合的な学習の時間の授業時数				七〇	七〇	七〇	七〇
特別活動の授業時数		三四	三五	三五	三五	三五	三五
総授業時数		八五〇	九一〇	九四五	九八〇	九八〇	九八〇

備　考（同）

別表第2（第73条関係）

区分		第一学年	第二学年	第三学年
必修教科の授業時数	国語	一四〇	一〇五	一〇五
	社会	一〇五	一〇五	八五
	数学	一〇五	一〇五	一〇五
	理科	一〇五	一〇五	八〇
	音楽	四五	三五	三五
	美術	四五	三五	三五
	保健体育	九〇	九〇	九〇
	技術・家庭	七〇	七〇	三五
	外国語	一〇五	一〇五	一〇五
道徳の授業時数		三五	三五	三五
特別活動の授業時数		三五	三五	三五
選択教科等に充てる授業時数		〇～三〇	五〇～八五	一〇五～一六五
総合的な学習の時間の授業時数		七〇～一〇〇	七〇～一〇五	七〇～一三〇
総授業時数		九八〇	九八〇	九八〇

備考

1　この表の授業時数の一単位時間は、五十分とする。

2　特別活動の授業時数は、中学校学習指導要領で定める学級活動（学校給食に係るものを除く。）に充てるものとする。

3　選択教科等に充てる授業時数は、選択教科の授業時数に充てるほか、特別活動の授業時数の増加に充てることができる。

4　選択教科等の授業時数については、中学校学習指導要領で定めるところによる。

〔本表は平二〇文科令五により改正されたが、施行は平二四・四・一であるため、改正後の表を枠で囲んで次に示した。〕

別表第2（第73条関係）

区分		第一学年	第二学年	第三学年
必修教科の授業時数	国語	一四〇	一四〇	一〇五
	社会	一〇五	一〇五	一四〇
	数学	一四〇	一〇五	一四〇
	理科	一〇五	一四〇	一四〇
	音楽	四五	三五	三五
	美術	四五	三五	三五
	保健体育	一〇五	一〇五	一〇五
	技術・家庭	七〇	七〇	三五
	外国語	一四〇	一四〇	一四〇
道徳の授業時数		三五	三五	三五
総合的な学習の時間の授業時数		五〇	七〇	七〇
特別活動の授業時数		三五	三五	三五
総授業時数		一〇一五	一〇一五	一〇一五

備考

1　この表の授業時数の一単位時間は、五十分とする。

2　特別活動の授業時数は、中学校学習指導要領で定める学級活動（学校給食に係るものを除く。）に充てるものとする。

別表第3（第83条、第108条、第128条関係）

（1）普通教育に関する各教科

各教科	各教科に属する科目
国語	国語表現Ⅰ、国語表現Ⅱ、国語総合、現代文、古典、古典講読
地理歴史	世界史A、世界史B、日本史A、日本史B、地理A、地理B
公民	現代社会、倫理、政治・経済
数学	数学基礎、数学Ⅰ、数学Ⅱ、数学Ⅲ、数学A、数学B、数学C
理科	理科基礎、理科総合A、理科総合B、物理Ⅰ、物理Ⅱ、化学Ⅰ、化学Ⅱ、生物Ⅰ、生物Ⅱ、地学Ⅰ、地学Ⅱ
保健体育	体育、保健
芸術	音楽Ⅰ、音楽Ⅱ、音楽Ⅲ、美術Ⅰ、美術Ⅱ、美術Ⅲ、工芸Ⅰ、工芸Ⅱ、工芸Ⅲ、書道Ⅰ、書道Ⅱ、書道Ⅲ
外国語	オーラル・コミュニケーションⅠ、オーラル・コミュニケーションⅡ、英語Ⅰ、英語Ⅱ、リーディング、ライティング
家庭	家庭基礎、家庭総合、生活技術
情報	情報A、情報B、情報C

別表第4（第76条、第107条、第117条関係）

区分		第一学年	第二学年	第三学年
各教科の授業時数	国語	一四〇	一〇五	一〇五
	社会	一〇五	一〇五	八五
	数学	一〇五	一〇五	一〇五
	理科	一〇五	一〇五	八〇
	音楽	四五	三五	三五
	美術	四五	三五	三五
	保健体育	九〇	九〇	九〇
	技術・家庭	七〇	七〇	三五
	外国語	一〇五	一〇五	一〇五
道徳の授業時数		三五	三五	三五
特別活動の授業時数		三五	三五	三五
選択教科等に充てる授業時数		〇～三〇	五〇～八五	一〇五～一六五
総合的な学習の時間の授業時数		七〇～一〇〇	七〇～一〇五	七〇～一三〇
総授業時数		九八〇	九八〇	九八〇

備考

1　この表の授業時数の一単位時間は、五十分とする。

2　特別活動の授業時数は、第108条第1項において準用する中学校学習指導要領で定める学級活動（学校給食に係るものを除く。）に充てるものとする。

3　選択教科等に充てる授業時数は、選択教科の授業時数に充てるほか、特別活動の授業時数の増加に充てることができる。

4　選択教科の授業時数については、文部科学大臣が別に定めるところによる。

5　各学年においては、必修教科の授業時数から七十を超えない範囲内の授業時数を減じ、文部科学大臣が別に定めるところにより選択教科の授業時数の増加に充てることができる。ただし、各学年において必修教科当たり三十五を限度とする。

〔本条は平二〇文科令五により改正されたが、施行は平二四・四・一であるため、改正後の表を枠で囲んで次に示した。〕

別表第4（第76条、第107条、第117条関係）

区分		第一学年	第二学年	第三学年
各教科の授業時数	国語	一四〇	一四〇	一〇五
	社会	一〇五	一〇五	一四〇
	数学	一四〇	一〇五	一四〇
	理科	一〇五	一四〇	一四〇
	音楽	四五	三五	三五
	美術	四五	三五	三五
	保健体育	一〇五	一〇五	一〇五
	技術・家庭	七〇	七〇	三五
	外国語	一四〇	一四〇	一四〇
道徳の授業時数		三五	三五	三五
総合的な学習の時間の授業時数		五〇	七〇	七〇
特別活動の授業時数		三五	三五	三五
総授業時数		一〇一五	一〇一五	一〇一五

備考

1　この表の授業時数の一単位時間は、五十分とする。

2　特別活動の授業時数は、中学校学習指導要領（第108条第一項において準用する場合を含む。次号において同じ。）で定める学級活動（学校給食に係るものを除く。）に充てるものとする。

3　各学年においては、各教科の授業時数から七十を超えない範囲内の授業時数を減じ、文部科学省が別に定めるところにあり中学校学習指導要領で定める選択教科の授業時数に充てることができる。ただし、各学年において、各教科当たり三十五を限度とする。ただし、各学年において、各教科の授業時数から減ずる授業時数は、一教科当たり三十五を限度とする。

別表第三の(2)
専門教育に関する各教科

各教科	各教科に関する科目
農業	農業科学基礎、環境科学基礎、課題研究、総合実習、農業情報処理、作物、野菜、果樹、草花、畜産、農業経営、農業機械、食品製造、食品化学、微生物基礎、植物バイオテクノロジー、動物・微生物バイオテクノロジー、農業経済、食品流通、森林科学、森林経営、林産加工、農業土木設計、農業土木施工、造園計画、造園技術、測量、生物活用、グリーンライフ
工業	工業技術基礎、課題研究、実習、製図、工業数理基礎、情報技術基礎、材料技術基礎、生産システム技術、工業技術英語、工業管理技術、機械工作、機械設計、原動機、電子機械、電子機械応用、自動車工学、自動車整備、電気基礎、電気機器、電力技術、電子技術、電子回路、電子計測制御、通信技術、電子情報技術、プログラミング技術、ハードウェア技術、ソフトウェア技術、マルチメディア応用、建築構造、建築施工、建築構造設計、建築計画、建築法規、設備計画、空気調和設備、衛生・防災設備、測量、土木施工、土木基礎力学、土木構造設計、社会基盤工学、工業化学、化学工学、地球環境化学、材料製造技術、工業材料、材料加工、セラミック化学、セラミック技術、セラミック工業、繊維製品、繊維・染色技術、染織デザイン、インテリア計画、インテリア装備、インテリアエレメント生産、デザイン史、デザイン技術、デザイン材料
商業	ビジネス基礎、課題研究、総合実践、商品と流通、商業技術、マーケティング、英語実務、経済活動と法、国際ビジネス、簿記、会計、原価計算、会計実務、情報処理、ビジネス情報、文書デザイン、プログラミング
水産	水産基礎、課題研究、総合実習、水産情報技術、漁業、航海・計器、漁船運用、船用機関、機械設計工作、電気工学、通信工学、電気通信理論、栽培漁業、水産生物、海洋環境、操船、水産食品製造、水産食品管理、水産流通、ダイビング

家庭	生活産業基礎、課題研究、家庭情報処理、消費生活、発達と保育、児童文化、家庭看護・福祉、リビングデザイン、服飾文化、被服製作、ファッションデザイン、服飾手芸、フードデザイン、食文化、調理、栄養、食品、食品衛生、公衆衛生
看護	基礎看護、看護基礎医学、成人・老人看護、母子看護、看護臨床実習、看護情報処理
情報	情報産業と社会、課題研究、情報演習、情報と表現、アルゴリズム、情報システムの開発、ネットワークシステム、モデル化とシミュレーション、コンピューターデザイン、図形と画像の処理、マルチメディア表現
福祉	社会福祉基礎、社会福祉制度、社会福祉援助技術、基礎介護、社会福祉実習、社会福祉演習、福祉情報処理
理数	理数数学Ⅰ、理数数学Ⅱ、理数数学探究、理数物理、理数化学、理数生物、理数地学
体育	体育理論、体つくり運動、スポーツⅠ、スポーツⅡ、スポーツⅢ、ダンス、野外活動
音楽	音楽理論、音楽史、演奏法、ソルフェージュ、声楽、器楽、作曲、
美術	美術概論、美術史、素描、構成、絵画、版画、彫刻、ビジュアルデザイン、クラフトデザイン、映像メディア表現、環境造形、鑑賞研究
英語	総合英語、英語理解、英語表現、異文化理解、生活英語、時事英語、コンピュータ・LL演習

備考

1 (1)及び(2)の表の上欄に掲げる各教科について、それぞれの表の下欄に掲げる各教科に属する科目以外の科目を設けることができる。

2 (1)及び(2)の表の上欄に掲げる各教科以外の教科及び当該教科に関する科目を設けることができる。

別表第５（第128条関係）

（１）視覚障害者である生徒に対する教育を行う特別支援学校の専門教育に関する各教科

各教科	各教科に属する科目
調律	調律概論、調律実習、整調・修理実習、課題研究
保健理療	医療と社会、人体の構造と機能、疾病の成り立ちと予防、生活と疾病、基礎保健理療、臨床保健理療、地域保健理療と保健理療経営、保健理療基礎実習、保健理療臨床実習、保健理療情報処理、課題研究
理療	医療と社会、人体の構造と機能、疾病の成り立ちと予防、生活と疾病、基礎理療学、臨床理療学、地域理療と理療経営、理療基礎実習、理療臨床実習、理療情報処理、課題研究
理学療法	人体の構造と機能、疾病と障害、保健・医療・福祉とリハビリテーション、基礎理学療法学、理学療法評価学、理学療法治療学、地域理学療法学、臨床実習、理学療法情報処理、課題研究

（２）聴覚障害者である生徒に対する教育を行う特別支援学校の専門教育に関する各教科

各教科	各教科に属する科目
印刷	印刷概論、写真製版、印刷機械・材料、印刷デザイン、写真化学・光学、文書処理・管理、印刷情報技術基礎、画像技術、印刷総合実習、課題研究
理容・美容	理容・美容関係法規、衛生管理、理容・美容保健、理容・美容の物理・化学、理容・美容文化論、理容・美容技術理論、理容・美容運営管理、理容実習、理容・美容情報処理、課題研究
クリーニング	クリーニング関係法規、公衆衛生、クリーニング理論、繊維、クリーニング機器・装置、クリーニング実習、課題研究
歯科技工	歯科技工関係法規、歯科技工学概論、歯科理工学、歯の解剖学、顎口腔機能学、有床義歯技工学、歯冠修復技工学、矯正歯科技工学、小児歯科技工学、歯科技工実習、歯科技工情報処理、課題研究

備考

１　（１）及び（２）の表の上覧に掲げる各教科について、それぞれの表の下欄に掲げる各教科に属する科目以外の科目を設けることができる。

２　（１）及び（２）の表の上覧に掲げる各教科以外の教科及び当該教科に関する科目を設けることができる。

地方教育行政の組織及び運営に関する法律

（昭和31年6月30日　法律第162号
改正　平成19年6月27日　法律第98号）

第一章　総　則

（この法律の趣旨）

第1条　この法律は、教育委員会の設置、学校その他の教育機関の職員の身分取扱その他地方公共団体における教育行政の組織及び運営の基本を定めることを目的とする。

（基本理念）

第1条の2　地方公共団体における教育行政は、教育基本法（平成18年法律第120号）の趣旨にのつとり、教育の機会均等、教育水準の維持向上及び地域の実情に応じた教育の振興が図られるよう、国との適切な役割分担及び相互の協力の下、公正かつ適正に行われなければならない。

第二章　教育委員会の設置及び組織

第1節　教育委員会の設置、委員及び会議

（設置）

第2条　都道府県、市（特別区を含む。以下同じ。）町村及び第23条に規定する事務の全部又は一部を処理する地方公共団体の組合に教育委員会を置く。

（組織）

第3条　教育委員会は、5人の委員をもつて組織する。ただし、条例で定めるところにより、都道府県若しくは市又は地方公共団体の組合のうち都道府県若しくは市が加入するものの教育委員会にあつては6人以上の委員、町村又は地方公共団体の組合のうち町村のみが加入するものの教育委員会にあつては3人以上の委員をもつて組織することができる。

（任命）

第4条　委員は、当該地方公共団体の長の被選挙権を有する者で、人格が高潔で、教育、学術及び文化（以下単に「教育」という。）に関し識見を有するもののうちから、地方公共団体の長が、議会の同意を得て、任命する。

2　次の各号のいずれかに該当する者は、委員となることができない。

　1　破産者で復権を得ない者

　2　禁錮以上の刑に処せられた者

3　委員の任命については、そのうち委員の定数の2分の1以上の者が同一の政党に所属することとなつてはならない。

4　地方公共団体の長は、第一項の規定による委員の任命に当たつては、委員の年齢、性別、職業等に著しい偏りが生じないように配慮するとともに、委員のうちに保護者（親権を行う者及び未成年後見人をいう。第47条の5第2項において同じ。）である者が含まれるようにしなければならない。

（罷免）

第7条　地方公共団体の長は、委員が心身の故障のため職務の遂行に堪えないと認める場合又は職務上の義務違反その他委

員たるに適しない非行があると認める場合においては、当該地方公共団体の議会の同意を得て、これを罷免することができる。

（以下省略）

（服務等）

第11条　委員は、職務上知ることができた秘密を漏らしてはならない。その職を退いた後も、また、同様とする。

（中略）

5　委員は、政党その他の政治的団体の役員となり、又は積極的に政治運動をしてはならない。

（以下省略）

（委員長）

第12条　教育委員会は、委員（第16条第2項の規定により教育長に任命された委員を除く。）のうちから、委員長を選挙しなければならない。

2　委員長の任期は、1年とする。ただし、再選されることができる。

第2節　教育長及び事務局

（教育長）

第16条　教育委員会に、教育長を置く。

2　教育長は、第6条の規定にかかわらず、当該教育委員会の委員（委員長を除く。）である者のうちから、教育委員会が任命する。

3　教育長は、委員としての任期中在任するものとする。ただし、地方公務員法第27条、第28条及び第29条の規定の適用を妨げない。

（以下省略）

（教育長の職務）

第17条　教育長は、教育委員会の指揮監督の下に、教育委員会の権限に属するすべての事務をつかさどる。

2　教育長は、教育委員会のすべての会議に出席し、議事について助言する。

（以下省略）

（事務局）

第18条　教育委員会の権限に属する事務を処理させるため、教育委員会に事務局を置く。

2　教育委員会の事務局の内部組織は、教育委員会規則で定める。

（指導主事その他の職員）

第19条　都道府県に置かれる教育委員会（以下「都道府県委員会」という。）の事務局に、指導主事、事務職員及び技術職員を置くほか、所要の職員を置く。

2　市町村に置かれる教育委員会（以下「市町村委員会」という。）の事務局に、前項の規定に準じて指導主事その他の職員を置く。

3　指導主事は、上司の命を受け、学校（学校教育法（昭和22年法律第26号）第1条に規定する学校をいう。以下同じ。）における教育課程、学習指導その他学校教育に関する専門的事項の指導に関する事務に従事する。

4　指導主事は、教育に関し識見を有し、かつ、学校における教育課程、学習指導その他学校教育に関する専門的事項について教養と経験がある者でなければならない。指導主事は、大学以外の公立学校（地方公共団体が設置する学校をいう。以下同じ。）の教員（教育公務員特例法（昭和24年法律第1号）第2条第2項に規定する教員をいう。以下同じ。）をもつて充てることができる。

（以下省略）

第三章　教育委員会及び地方公共団体の長の職務権限

（教育委員会の職務権限）

第23条　教育委員会は、当該地方公共団体が処理する教育に関する事務で、次に掲げるものを管理し、及び執行する。

1　教育委員会の所管に属する第30条に規定する学校その他の教育機関（以下「学校その他の教育機関」という。）の設置、管理及び廃止に関すること。

2　学校その他の教育機関の用に供する財産（以下「教育財産」という。）の管理に関すること。

3　教育委員会及び学校その他の教育機関の職員の任免その他の人事に関すること。

4　学齢生徒及び学齢児童の就学並びに生徒、児童及び幼児の入学、転学及び退学に関すること。

5　学校の組織編制、教育課程、学習指導、生徒指導及び職業指導に関すること。

6　教科書その他の教材の取扱いに関すること。

7　校舎その他の施設及び教具その他の設備の整備に関すること。

8　校長、教員その他の教育関係職員の研修に関すること。

9　校長、教員その他の教育関係職員並びに生徒、児童及び幼児の保健、安全、厚生及び福利に関すること。

10　学校その他の教育機関の環境衛生に関すること。

11　学校給食に関すること。

12　青少年教育、女性教育及び公民館の事業その他社会教育に関すること。

13　スポーツに関すること。

14　文化財の保護に関すること。

15　ユネスコ活動に関すること。

16　教育に関する法人に関すること。

17　教育に係る調査及び基幹統計その他の統計に関すること。

18　所掌事務に係る広報及び所掌事務に係る教育行政に関する相談に関すること。

19　前各号に掲げるもののほか、当該地方公共団体の区域内における教育に関する事務に関すること。

（長の職務権限）

第24条　地方公共団体の長は、次の各号に掲げる教育に関する事務を管理し、及び執行する。

1　大学に関すること。

2　私立学校に関すること。

3　教育財産を取得し、及び処分すること。

4　教育委員会の所掌に係る事項に関する契約を結ぶこと。

5　前号に掲げるもののほか、教育委員会の所掌に係る事項に関する予算を執行すること。

（事務の委任等）

第26条　教育委員会は、教育委員会規則で定めるところにより、その権限に属する事務の一部を教育長に委任し、又は教育長をして臨時に代理させることができる。

（中略）

3　教育長は、第一項の規定により委任された事務その他その権限に属する事務の一部を事務局の職員若しくは教育委員会の所管に属する学校その他の教育機関の職員（以下この項及び次条第一項において「事務局職員等」という。）に委任し、又は事務局職員等をして臨時に代理させることができる。

（教育財産の管理等）

第28条　教育財産は、地方公共団体の長の総括の下に、教育委員会が管理するものとする。

（以下省略）

第四章　教育機関

第1節　通則

（教育機関の設置）

第30条　地方公共団体は、法律で定めるところにより、学校、図書館、博物館、公民館その他の教育機関を設置するほか、条例で、教育に関する専門的、技術的事項の研究又は教育関係職員の研修、保健若しくは福利厚生に関する施設その他の必要な教育機関を設置することができる。

（教育機関の職員の任命）

第34条　教育委員会の所管に属する学校その他の教育機関の校長、園長、教員、事務職員、技術職員その他の職員は、この法律に特別の定がある場合を除き、教育長の推薦により、教育委員会が任命する。

第2節　市町村立学校の教職員

（任命権者）

第37条　市町村立学校職員給与負担法（昭和23年法律第135号）第1条及び第2条に規定する職員（以下「県費負担教職員」という。）の任命権は、都道府県委員会に属する。

（以下省略）

（市町村委員会の内申）

第38条　都道府県委員会は、市町村委員会の内申をまつて、県費負担教職員の任免その他の進退を行うものとする。

（中略）

4　市町村委員会は、次条の規定による校長の意見の申出があつた県費負担教職員について第1項又は第2項の内申を行うときは、当該校長の意見を付するものとする。

（県費負担教職員の給与、勤務時間その他の勤務条件）

第42条　県費負担教職員の給与、勤務時間その他の勤務条件については、地方公務員法第24条第6項の規定により条例で定めるものとされている事項は、都道府県の条例で定める。

（服務の監督）

第43条　市町村委員会は、県費負担教職員の服務を監督する。

2　県費負担教職員は、その職務を遂行するに当つて、法令、当該市町村の条例及び規則並びに当該市町村委員会の定める教育委員会規則及び規程（前条又は次項の規定によつて都道府県が制定する条例を含む。）に従い、かつ、市町村委員会その他職務上の上司の職務上の命令に忠実に従わなければならない。

（以下省略）

（研修）

第45条　県費負担教職員の研修は、地方公務員法第39条第2項の規定にかかわらず、市町村委員会も行うことができる。

2　市町村委員会は、都道府県委員会が行う県費負担教職員の研修に協力しなければならない。

（勤務成績の評定）

第46条　県費負担教職員の勤務成績の評定は、地方公務員法第40条第1項　の規定にかかわらず、都道府県委員会の計画の下に、市町村委員会が行うものとする。

第五章　文部科学大臣及び教育委員会相互間の関係等

（文部科学大臣又は都道府県委員会の指導、助言及び援助）

第48条　地方自治法第245条の4第1項　の規定によるほか、文部科学大臣は都道府県又は市町村に対し、都道府県委員会は市町村に対し、都道府県又は市町村の教育に関する事務の適正な処理を図るため、必要な指導、助言又は援助を行うことができる。

2　前項の指導、助言又は援助を例示すると、おおむね次のとおりである。

1　学校その他の教育機関の設置及び管理並びに整備に関し、指導及び助言を与えること。

2　学校の組織編制、教育課程、学習指導、生徒指導、職業指導、教科書その他の教材の取扱いその他学校運営に関し、指導及び助言を与えること。

3　学校における保健及び安全並びに学校給食に関し、指導及び助言を与えること。

4　教育委員会の委員及び校長、教員その他の教育関係職員の研究集会、講習会その他研修に関し、指導及び助言を与え、又はこれらを主催すること。

5　生徒及び児童の就学に関する事務に関し、指導及び助言を与えること。

6　青少年教育、女性教育及び公民館の事業その他社会教育の振興並びに芸術の普及及び向上に関し、指導及び助言を与えること。

7　スポーツの振興に関し、指導及び助言を与えること。

8　指導主事、社会教育主事その他の職員を派遣すること。

9　教育及び教育行政に関する資料、手引書等を作成し、利用に供すること。

10　教育に係る調査及び統計並びに広報及び教育行政に関する相談に関し、指導及び助言を与えること。

11　教育委員会の組織及び運営に関し、指導及び助言を与えること。

3　文部科学大臣は、都道府県委員会に対し、第1項の規定による市町村に対する指導、助言又は援助に関し、必要な指示をすることができる。

4　地方自治法第245条の4第3項の規定によるほか、都道府県知事又は都道府県委員会は文部科学大臣に対し、市町村長又は市町村委員会は文部科学大臣又は都道府県委員会に対し、教育に関する事務の処理について必要な指導、助言又は援助を求めることができる。

（文部科学大臣及び教育委員会相互間の関係）

第51条　文部科学大臣は都道府県委員会又は市町村委員会相互の間の、都道府県委員会は市町村委員会相互の間の連絡調整を図り、並びに教育委員会は、相互の間の連絡を密にし、及び文部科学大臣又は他の教育委員会と協力し、教職員の適正な配置と円滑な交流及び教職員の勤務能率の増進を図り、もつてそれぞれその所掌する教育に関する事務の適正な執行と管理に努めなければならない。

（調査）

第53条　文部科学大臣又は都道府県委員会は、第48条第1項及び第51条の規定による権限を行うため必要があるときは、地方公共団体の長又は教育委員会が管理し、及び執行する教育に関する事務について、必要な調査を行うことができる。

2　文部科学大臣は、前項の調査に関し、都道府県委員会に対し、市町村長又は市町村委員会が管理し、及び執行する教育に関する事務について、その特に指定する事項の調査を行うよう指示をすることができる。

（資料及び報告）

第54条　教育行政機関は、的確な調査、統計その他の資料に基いて、その所掌する事務の適切かつ合理的な処理に努めなければならない。

2　文部科学大臣は地方公共団体の長又は教育委員会に対し、都道府県委員会は市町村長又は市町村委員会に対し、それぞれ都道府県又は市町村の区域内の教育に関する事務に関し、必要な調査、統計その他の資料又は報告の提出を求めることができる。

附　則

（施行期日）

第1条　この法律は、平成20年4月1日から施行する。

（以下省略）

小学校学習指導要領（平成20年3月28日 文部科学省告示第27号）

第一章 総則

第1 教育課程編成の一般方針

1 各学校においては、教育基本法及び学校教育法その他の法令並びにこの章以下に示すところに従い、児童の人間として調和のとれた育成を目指し、地域や学校の実態及び児童の心身の発達の段階や特性を十分考慮して、適切な教育課程を編成するものとし、これらに掲げる目標を達成するよう教育を行うものとする。

学校の教育活動を進めるに当たっては、各学校において、児童に生きる力をはぐくむことを目指し、創意工夫を生かした特色ある教育活動を展開する中で、基礎的・基本的な知識及び技能を確実に習得させ、これらを活用して課題を解決するために必要な思考力、判断力、表現力その他の能力をはぐくむとともに、主体的に学習に取り組む態度を養い、個性を生かす教育の充実に努めなければならない。その際、児童の発達の段階を考慮して、児童の言語活動を充実するとともに、家庭との連携を図りながら、児童の学習習慣が確立するよう配慮しなければならない。

2 学校における道徳教育は、道徳の時間を要《かなめ》として学校の教育活動全体を通じて行うものであり、道徳の時間はもとより、各教科、外国語活動、総合的な学習の時間及び特別活動のそれぞれの特質に応じて、児童の発達の段階を考慮して、適切な指導を行わなければならない。

道徳教育は、教育基本法及び学校教育法に定められた教育の根本精神に基づき、人間尊重の精神と生命に対する畏《い》敬の念を家庭、学校、その他社会における具体的な生活の中に生かし、豊かな心をもち、伝統と文化を尊重し、それらをはぐくんできた我が国と郷土を愛し、個性豊かな文化の創造を図るとともに、公共の精神を尊び、民主的な社会及び国家の発展に努め、他国を尊重し、国際社会の平和と発展や環境の保全に貢献し未来を拓《ひら》く主体性のある日本人を育成するため、その基盤としての道徳性を養うことを目標とする。

道徳教育を進めるに当たっては、教師と児童及び児童相互の人間関係を深めるとともに、児童が自己の生き方についての考えを深め、家庭や地域社会との連携を図りながら、集団宿泊活動やボランティア活動、自然体験活動などの豊かな体験を通して児童の内面に根ざした道徳性の育成が図られるよう配慮しなければならない。その際、特に児童が基本的な生活習慣、社会生活上のきまりを身に付け、善悪を判断し、人間としてしてはならないことをしないようにすることなどに配慮しなければならない。

3 学校における体育・健康に関する指導は、児童の発達の段階を考慮して、学校の教育活動全体を通じて適切に行うものとする。特に、学校における食育の推進並びに体力の向上に関する指導、安全に関する指導及び心身の健康の保持増進に関する指導については、体育科の時間はもとより、家庭科、特別活動などにおいてもそれぞれの特質に応じて適切に行うよう努めることとする。また、それらの指導を通して、家庭や地域社会との連携を図りながら、日常生活において適切な体育・健康に関する活動の実践を促し、生涯を通じて健康・安全で活力ある生活を送るための基礎が培われるよう配慮しなければならない。

第2　内容等の取扱いに関する共通的事項

1　第2章以下に示す各教科、道徳、外国語活動及び特別活動の内容に関する事項は、特に示す場合を除き、いずれの学校においても取り扱わなければならない。

2　学校において特に必要がある場合には、第2章以下に示していない内容を加えて指導することができる。また、第2章以下に示す内容の取扱いのうち内容の範囲や程度等を示す事項は、すべての児童に対して指導するものとする内容の範囲や程度等を示したものであり、学校において特に必要がある場合には、この事項にかかわらず指導することができる。ただし、これらの場合には、第2章以下に示す各教科、道徳、外国語活動及び特別活動並びに各学年の目標や内容の趣旨を逸脱したり、児童の負担過重となったりすることのないようにしなければならない。

3　第2章以下に示す各教科、道徳、外国語活動及び特別活動並びに各学年の内容に掲げる事項の順序は、特に示す場合を除き、指導の順序を示すものではないので、学校においては、その取扱いについて適切な工夫を加えるものとする。

4　学年の目標及び内容を2学年まとめて示した教科及び外国語活動の内容は、2学年間かけて指導する事項を示したものである。各学校においては、これらの事項を地域や学校及び児童の実態に応じ、2学年間を見通して計画的に指導することとし、特に示す場合を除き、いずれかの学年に分けて、又はいずれの学年においても指導するものとする。

5　学校において2以上の学年の児童で編制する学級について特に必要がある場合には、各教科、道徳、外国語活動及び特別活動の目標の達成に支障のない範囲内で、各教科、道徳、外国語活動及び特別活動の目標及び内容について学年別の順序によらないことができる。

第3　授業時数等の取扱い

1　各教科、道徳、外国語活動、総合的な学習の時間及び特別活動（以下「各教科等」という。ただし、1及び3において、特別活動については学級活動（学校給食に係るものを除く。）に限る。）の授業は、年間35週（第1学年については34週）以上にわたって行うよう計画し、週当たりの授業時数が児童の負担過重にならないようにするものとする。ただし、各教科等や学習活動の特質に応じ効果的な場合には、夏季、冬季、学期末等の休業日の期間に授業日を設定する場合を含め、これらの授業を特定の期間に行うことができる。なお、給食、休憩などの時間については、学校において工夫を加え、適切に定めるものとする。

2　特別活動の授業のうち、児童会活動、クラブ活動及び学校行事については、それらの内容に応じ、年間、学期ごと、月ごとなどに適切な授業時数を充てるものとする。

3　各教科等のそれぞれの授業の1単位時間は、各学校において、各教科等の年間授業時数を確保しつつ、児童の発達の段階及び各教科等や学習活動の特質を考慮して適切に定めるものとする。

4　各学校においては、地域や学校及び児童の実態、各教科等や学習活動の特質等に応じて、創意工夫を生かし時間割を弾力的に編成することができる。

5　総合的な学習の時間における学習活動により、特別活動の学校行事に掲げる各行事の実施と同様の成果が期待できる場合においては、総合的な学習の時間における学習活動をもって相当する特別活動の学校行事に掲げる各行事の実施に替えることができる。

第4　指導計画の作成等に当たって配慮すべき事項

1　各学校においては、次の事項に配慮しながら、学校の創意工夫を生かし、全体として、調和のとれた具体的な指導計画を作成するものとする。

(1)　各教科等及び各学年相互間の関連を図り、系統的、発展的な指導ができるようにすること。

(2)　学年の目標及び内容を2学年まとめて示した教科及び外国語活動については、当該学年間を見通して、地域や学校及び児童の実態に応じ、児童の発達の段階を考慮しつつ、効果的、段階的に指導するようにすること。

(3)　各教科の各学年の指導内容については、そのまとめ方や重点の置き方に適切な工夫を加え、効果的な指導ができるようにすること。

(4)　児童の実態等を考慮し、指導の効果を高めるため、合科的・関連的な指導を進めること。

2　以上のほか、次の事項に配慮するものとする。

(1)　各教科等の指導に当たっては、児童の思考力、判断力、表現力等をはぐくむ観点から、基礎的・基本的な知識及び技能の活用を図る学習活動を重視するとともに、言語に対する関心や理解を深め、言語に関する能力の育成を図る上で必要な言語環境を整え、児童の言語活動を充実すること。

(2)　各教科等の指導に当たっては、体験的な学習や基礎的・基本的な知識及び技能を活用した問題解決的な学習を重視するとともに、児童の興味・関心を生かし、自主的、自発的な学習が促されるよう工夫すること。

(3)　日ごろから学級経営の充実を図り、教師と児童の信頼関係及び児童相互の好ましい人間関係を育てるとともに児童理解を深め、生徒指導の充実を図ること。

(4)　各教科等の指導に当たっては、児童が学習の見通しを立てたり学習したことを振り返ったりする活動を計画的に取り入れるよう工夫すること。

(5)　各教科等の指導に当たっては、児童が学習課題や活動を選択したり、自らの将来について考えたりする機会を設けるなど工夫すること。

(6)　各教科等の指導に当たっては、児童が学習内容を確実に身に付けることができるよう、学校や児童の実態に応じ、個別指導やグループ別指導、繰り返し指導、学習内容の習熟の程度に応じた指導、児童の興味・関心等に応じた課題学習、補充的な学習や発展的な学習などの学習活動を取り入れた指導、教師間の協力的な指導など指導方法や指導体制を工夫改善し、個に応じた指導の充実を図ること。

(7)　障害のある児童などについては、特別支援学校等の助言又は援助を活用しつつ、例えば指導についての計画又は家庭や医療、福祉等の業務を行う関係機関と連携した支援のための計画を個別に作成することなどにより、個々の児童の障害の状態等に応じた指導内容や指導方法の工夫を計画的、組織的に行うこと。特に、特別支援学級又は通級による指導については、教師間の連携に努め、効果的な指導を行うこと。

(8)　海外から帰国した児童などについては、学校生活への適応を図るとともに、外国における生活経験を生かすなどの適切な指導を行うこと。

(9)　各教科等の指導に当たっては、児童がコンピュータや情報通信ネットワークなどの情報手段に慣れ親しみ、コンピュータで文字を入力するなどの基本的な操作や情報モラルを身に付け、適切に活用できるようにするための学習活動を充実するとともに、これらの情報手段に加え視聴覚教材や教育機器などの教材・教具の適切な活用を図ること。

(10)　学校図書館を計画的に利用しその機能の活用を図り、児童の主体的、意欲的な学習活動や読書活動を充実すること。

(11)　児童のよい点や進歩の状況などを積極的に評価するとともに、指導の過程や成果を評価し、指導の改善を行い学習意欲の向上に生かすようにすること。

(12)　学校がその目的を達成するため、地域や学校の実態等に応じ、家庭や地域の人々の協力を得るなど家庭や地域社会との連携を深めること。また、小学校間、幼稚園や保育所、中学校及び特別支援学校などとの間の連携や交流を図るとともに、障害のある幼児児童生徒との交流及び共同学習や高齢者などとの交流の機会を設けること。

中学校学習指導要領（平成20年3月28日　文部科学省告示第28号）

第一章　総則

第1　教育課程編成の一般方針

1　各学校においては、教育基本法及び学校教育法その他の法令並びにこの章以下に示すところに従い、生徒の人間として調和のとれた育成を目指し、地域や学校の実態及び生徒の心身の発達の段階や特性等を十分考慮して、適切な教育課程を編成するものとし、これらに掲げる目標を達成するよう教育を行うものとする。

学校の教育活動を進めるに当たっては、各学校において、生徒に生きる力をはぐくむことを目指し、創意工夫を生かした特色ある教育活動を展開する中で、基礎的・基本的な知識及び技能を確実に習得させ、これらを活用して課題を解決するために必要な思考力、判断力、表現力その他の能力をはぐくむとともに、主体的に学習に取り組む態度を養い、個性を生かす教育の充実に努めなければならない。その際、生徒の発達の段階を考慮して、生徒の言語活動を充実するとともに、家庭との連携を図りながら、生徒の学習習慣が確立するよう配慮しなければならない。

2　学校における道徳教育は、道徳の時間を要《かなめ》として学校の教育活動全体を通じて行うものであり、道徳の時間はもとより、各教科、総合的な学習の時間及び特別活動のそれぞれの特質に応じて、生徒の発達の段階を考慮して、適切な指導を行わなければならない。

道徳教育は、教育基本法及び学校教育法に定められた教育の根本精神に基づき、人間尊重の精神と生命に対する畏《い》敬の念を家庭、学校、その他社会における具体的な生活の中に生かし、豊かな心をもち、伝統と文化を尊重し、それらをはぐくんできた我が国と郷土を愛し、個性豊かな文化の創造を図るとともに、公共の精神を尊び、民主的な社会及び国家の発展に努め、他国を尊重し、国際社会の平和と発展や環境の保全に貢献し未来を拓《ひら》く主体性のある日本人を育成するため、その基盤としての道徳性を養うことを目標とする。

道徳教育を進めるに当たっては、教師と生徒及び生徒相互の人間関係を深めるとともに、生徒が道徳的価値に基づいた人間としての生き方についての自覚を深め、家庭や地域社会との連携を図りながら、職場体験活動やボランティア活動、自然体験活動などの豊かな体験を通して生徒の内面に根ざした道徳性の育成が図られるよう配慮しなければならない。その際、特に生徒が自他の生命を尊重し、規律ある生活ができ、自分の将来を考え、法やきまりの意義の理解を深め、主体的に社会の形成に参画し、国際社会に生きる日本人としての自覚を身に付けるようにすることなどに配慮しなければならない。

3　学校における体育・健康に関する指導は、生徒の発達の段階を考慮して、学校の教育活動全体を通じて適切に行うものとする。特に、学校における食育の推進並びに体力の向上に関する指導、安全に関する指導及び心身の健康の保持増進に関する指導については、保健体育科の時間はもとより、技術・家庭科、特別活動などにおいてもそれぞれの特質に応じて適切に行うよう努めることとする。また、それらの指導を通して、家庭や地域社会との連携を図りながら、日常生活において適切な体育・健康に関する活動の実践を促し、生涯を通じて健康・安全で活力ある生活を送るための基礎が培われるよう配慮しなければならない。

第2　内容等の取扱いに関する共通的事項

1　第2章以下に示す各教科、道徳及び特別活動の内容に関する事項は、特に示す場合を除き、いずれの学校においても取り扱わなければならない。

2　学校において特に必要がある場合には、第2章以下に示していない内容を加えて指導することができる。また、第2章以下に示す内容の取扱いのうち内容の範囲や程度等を示す事項は、すべての生徒に対して指導するものとする内容の範囲や程度等を示したものであり、学校において特に必要がある場合には、この事項にかかわらず指導することができる。ただし、これらの場合には、第2章以下に示す各教科、道徳及び特別活動並びに各学年、各分野又は各言語の目標や内容の趣旨を逸脱したり、生徒の負担過重となったりすることのないようにしなければならない。

3　第2章以下に示す各教科、道徳及び特別活動並びに各学年、各分野又は各言語の内容に掲げる事項の順序は、特に示す場合を除き、指導の順序を示すものではないので、学校においては、その取扱いについて適切な工夫を加えるものとする。

4　学校において2以上の学年の生徒で編制する学級について特に必要がある場合には、各教科の目標の達成に支障のない範囲内で、各教科の目標及び内容について学年別の順序によらないことができる。

5　各学校においては、選択教科を開設し、生徒に履修させることができる。その場合にあっては、地域や学校、生徒の実態を考慮し、すべての生徒に指導すべき内容との関連を図りつつ、選択教科の授業時数及び内容を適切に定め選択教科の指導計画を作成するものとする。

6　選択教科の内容については、課題学習、補充的な学習や発展的な学習など、生徒の特性等に応じた多様な学習活動が行えるよう各学校において適切に定めるものとする。その際、生徒の負担過重となることのないようにしなければならない。

7　各学校においては、第2章に示す各教科を選択教科として設けることができるほか、地域や学校、生徒の実態を考慮して、特に必要がある場合には、その他特に必要な教科を選択教科として設けることができる。その他特に必要な教科の名称、目標、内容などについては、各学校が適切に定めるものとする。

第3　授業時数等の取扱い

1　各教科、道徳、総合的な学習の時間及び特別活動（以下「各教科等」という。ただし、1及び3において、特別活動については学級活動（学校給食に係るものを除く。）に限る。）の授業は、年間35週以上にわたって行うよう計画し、週当たりの授業時数が生徒の負担過重にならないようにするものとする。ただし、各教科等（特別活動を除く。）や学習活動の特質に応じ効果的な場合には、夏季、冬季、学年末等の休業日の期間に授業日を設定する場合を含め、これらの授業を特定の期間に行うことができる。なお、給食、休憩などの時間については、学校において工夫を加え、適切に定めるものとする。

2　特別活動の授業のうち、生徒会活動及び学校行事については、それらの内容に応じ、年間、学期ごと、月ごとなどに適切な授業時数を充てるものとする。

3　各教科等のそれぞれの授業の1単位時間は、各学校において、各教科等の年間授業時数を確保しつつ、生徒の発達の段階及び各教科等や学習活動の特質を考慮して適切に定めるものとする。なお、10分間程度の短い時間を単位として特定の教科の指導を行う場合において、当該教科を担当する教師が、その指導内容の決定や指導の成果の把握と活用等を責任をもって行う体制が整備されているときは、その時間を当該教科の年間授業時数に含めることができる。

4　各学校においては、地域や学校及び生徒の実態、各教科等や学習活動の特質等に応じて、創意工夫を生かし時間割を弾力的に編成することができる。

5　総合的な学習の時間における学習活動により、特別活動の学校行事に掲げる各行事の実施と同様の成果が期待できる場合においては、総合的な学習の時間における学習活動をもって相当する特別活動の学校行事に掲げる各行事の実施に替えることができる。

第4　指導計画の作成等に当たって配慮すべき事項

1　各学校においては、次の事項に配慮しながら、学校の創意工夫を生かし、全体として、調和のとれた具体的な指導計画を作成するものとする。

(1)　各教科等及び各学年相互間の関連を図り、系統的、発展的な指導ができるようにすること。

(2)　各教科の各学年、各分野又は各言語の指導内容については、そのまとめ方や重点の置き方に適切な工夫を加えるなど、効果的な指導ができるようにすること。

2　以上のほか、次の事項に配慮するものとする。

(1)　各教科等の指導に当たっては、生徒の思考力、判断力、表現力等をはぐくむ観点から、基礎的・基本的な知識及び技能の活用を図る学習活動を重視するとともに、言語に対する関心や理解を深め、言語に関する能力の育成を図る上で必要な言語環境を整え、生徒の言語活動を充実すること。

(2)　各教科等の指導に当たっては、体験的な学習や基礎的・基本的な知識及び技能を活用した問題解決的な学習を重視するとともに、生徒の興味・関心を生かし、自主的、自発的な学習が促されるよう工夫すること。

(3) 教師と生徒の信頼関係及び生徒相互の好ましい人間関係を育てるとともに生徒理解を深め、生徒が自主的に判断、行動し積極的に自己を生かしていくことができるよう、生徒指導の充実を図ること。

(4) 生徒が自らの生き方を考え主体的に進路を選択することができるよう、学校の教育活動全体を通じ、計画的、組織的な進路指導を行うこと。

(5) 生徒が学校や学級での生活によりよく適応するとともに、現在及び将来の生き方を考え行動する態度や能力を育成することができるよう、学校の教育活動全体を通じ、ガイダンスの機能の充実を図ること。

(6) 各教科等の指導に当たっては、生徒が学習の見通しを立てたり学習したことを振り返ったりする活動を計画的に取り入れるようにすること。

(7) 各教科等の指導に当たっては、生徒が学習内容を確実に身に付けることができるよう、学校や生徒の実態に応じ、個別指導やグループ別指導、繰り返し指導、学習内容の習熟の程度に応じた指導、生徒の興味・関心等に応じた課題学習、補充的な学習や発展的な学習などの学習活動を取り入れた指導、教師間の協力的な指導など指導方法や指導体制を工夫改善し、個に応じた指導の充実を図ること。

(8) 障害のある生徒などについては、特別支援学校等の助言又は援助を活用しつつ、例えば指導についての計画又は家庭や医療、福祉等の業務を行う関係機関と連携した支援のための計画を個別に作成することなどにより、個々の生徒の障害の状態等に応じた指導内容や指導方法の工夫を計画的、組織的に行うこと。特に、特別支援学級又は通級による指導については、教師間の連携に努め、効果的な指導を行うこと。

(9) 海外から帰国した生徒などについては、学校生活への適応を図るとともに、外国における生活経験を生かすなどの適切な指導を行うこと。

(10) 各教科等の指導に当たっては、生徒が情報モラルを身に付け、コンピュータや情報通信ネットワークなどの情報手段を適切かつ主体的、積極的に活用できるようにするための学習活動を充実するとともに、これらの情報手段に加え視聴覚教材や教育機器などの教材・教具の適切な活用を図ること。

(11) 学校図書館を計画的に利用しその機能の活用を図り、生徒の主体的、意欲的な学習活動や読書活動を充実すること。

(12) 生徒のよい点や進歩の状況などを積極的に評価するとともに、指導の過程や成果を評価し、指導の改善を行い学習意欲の向上に生かすようにすること。

(13) 生徒の自主的、自発的な参加により行われる部活動については、スポーツや文化及び科学等に親しませ、学習意欲の向上や責任感、連帯感の涵《かん》養等に資するものであり、学校教育の一環として、教育課程との関連が図られるよう留意すること。その際、地域や学校の実態に応じ、地域の人々の協力、社会教育施設や社会教育関係団体等の各種団体との連携などの運営上の工夫を行うようにすること。

(14)　学校がその目的を達成するため、地域や学校の実態等に応じ、家庭や地域の人々の協力を得るなど家庭や地域社会との連携を深めること。また、中学校間や小学校、高等学校及び特別支援学校などとの間の連携や交流を図るとともに、障害のある幼児児童生徒との交流及び共同学習や高齢者などとの交流の機会を設けること。

高等学校学習指導要領（平成20年3月9日　文部科学省告示第38号）

第一章　総則

第1款　教育課程編成の一般方針

1　各学校においては、教育基本法及び学校教育法その他の法令並びにこの章以下に示すところに従い、生徒の人間として調和のとれた育成を目指し、地域や学校の実態、課程や学科の特色、生徒の心身の発達の段階及び特性等を十分考慮して、適切な教育課程を編成するものとし、これらに掲げる目標を達成するよう教育を行うものとする。

学校の教育活動を進めるに当たっては、各学校において、生徒に生きる力をはぐくむことを目指し、創意工夫を生かした特色ある教育活動を展開する中で、基礎的・基本的な知識及び技能を確実に習得させ、これらを活用して課題を解決するために必要な思考力、判断力、表現力その他の能力をはぐくむとともに、主体的に学習に取り組む態度を養い、個性を生かす教育の充実に努めなければならない。その際、生徒の発達の段階を考慮して、生徒の言語活動を充実するとともに、家庭との連携を図りながら、生徒の学習習慣が確立するよう配慮しなければならない。

2　学校における道徳教育は、生徒が自己探求と自己実現に努め国家・社会の一員としての自覚に基づき行為しうる発達の段階にあることを考慮し人間としての在り方生き方に関する教育を学校の教育活動全体を通じて行うことにより、その充実を図るものとし、各教科に属する科目、総合的な学習の時間及び特別活動のそれぞれの特質に応じて、適切な指導を行わなければならない。

道徳教育は、教育基本法及び学校教育法に定められた教育の根本精神に基づき、人間尊重の精神と生命に対する畏《い》敬の念を家庭、学校、その他社会における具体的な生活の中に生かし、豊かな心をもち、伝統と文化を尊重し、それらをはぐくんできた我が国と郷土を愛し、個性豊かな文化の創造を図るとともに、公共の精神を尊び、民主的な社会及び国家の発展に努め、他国を尊重し、国際社会の平和と発展や環境の保全に貢献し未来を拓《ひら》く主体性のある日本人を育成するため、その基盤としての道徳性を養うことを目標とする。

道徳教育を進めるに当たっては、特に、道徳的実践力を高めるとともに、自他の生命を尊重する精神、自律の精神及び社会連帯の精神並びに義務を果たし責任を重んずる態度及び人権を尊重し差別のないよりよい社会を実現しようとする態度を養うための指導が適切に行われるよう配慮しなければならない。

3　学校における体育・健康に関する指導は、生徒の発達の段階を考慮して、学校の教育活動全体を通じて適切に行うものとする。特に、学校における食育の推進並びに体力の向上に関する指導、安全に関する指導及び心身の健康の保持増進に関する指導については、保健体育科はもとより、家庭科、特別活動などにおいてもそれぞれの特質に応じて適切に行うよう努めることとする。また、それらの指導を通して、家庭や地域社会との連携を図りながら、日常生活において適切な体育・健康に関する活動の実践を促し、生涯を通じて健康・安全で活力ある生活を送るための基礎が培われるよう配慮しなければならない。

4　学校においては、地域や学校の実態等に応じて、就業やボランティアにかかわる体験的な学習の指導を適切に行うようにし、勤労の尊さや創造することの喜びを体得させ、望ましい勤労観、職業観の育成や社会奉仕の精神の涵《かん》養に資するものとする。

第2款　各教科・科目及び単位数等

1　卒業までに履修させる単位数等

各学校においては、卒業までに履修させる下記2から5までに示す各教科に属する科目及びその単位数、総合的な学習の時間の単位数並びに特別活動及びその授業時数に関する事項を定めるものとする。この場合、各教科に属する科目（以下「各教科・科目」という。）及び総合的な学習の時間の単位数の計は、第3款の1、2及び3の(1)に掲げる各教科・科目の単位数並びに総合的な学習の時間の単位数を含めて74単位以上とする。

単位については、1単位時間を50分とし、35単位時間の授業を1単位として計算することを標準とする。ただし、通信制の課程においては、第7款の定めるところによるものとする。

2　各学科に共通する各教科・科目及び総合的な学習の時間並びに標準単位数

各学校においては、教育課程の編成に当たって、次の表に掲げる各教科・科目及び総合的な学習の時間並びにそれぞれの標準単位数を踏まえ、生徒に履修させる各教科・科目及び総合的な学習の時間並びにそれらの単位数について適切に定めるものとする。ただし、生徒の実態等を考慮し、特に必要がある場合には、標準単位数の標準の限度を超えて単位数を増加して配当することができる。

教科等	科目	標準単位数
国語	国語総合	4
	国語表現	3
	現代文A	2
	現代文B	4
	古典A	2
	古典B	4
地理歴史	世界史A	2
	世界史B	4
	日本史A	2
	日本史B	4
	地理A	2
	地理B	4

教科等	科目	標準単位数
公民	現代社会	2
	倫理	2
	政治・経済	2
数学	数学Ⅰ	3
	数学Ⅱ	4
	数学Ⅲ	5
	数学A	2
	数学B	2
	数学活用	2
理科	科学と人間生活	2
	物理基礎	2
	物理	4

教科等	科目	標準単位数
理科	化学基礎	2
	化学	4
	生物基礎	2
	生物	4
	地学基礎	2
	地学	4
	理科課題研究	1
保健体育	体育	7～8
	保健	2
芸術	音楽Ⅰ	2
	音楽Ⅱ	2
	音楽Ⅲ	2
	美術Ⅰ	2
	美術Ⅱ	2
	美術Ⅲ	2
	工芸Ⅰ	2
	工芸Ⅱ	2
	工芸Ⅲ	2
	書道Ⅰ	2
	書道Ⅱ	2
	書道Ⅲ	2

教科等	科目	標準単位数
外国語	コミュニケーション英語基礎	2
	コミュニケーション英語Ⅰ	3
	コミュニケーション英語Ⅱ	4
	コミュニケーション英語Ⅲ	4
	英語表現Ⅰ	2
	英語表現Ⅱ	4
	英語会話	2
家庭	家庭基礎	2
	家庭総合	4
	生活デザイン	4
情報	社会と情報	2
	情報の科学	2
総合的な学習の時間		3～6

3　主として専門学科において開設される各教科・科目

各学校においては、教育課程の編成に当たって、次の表に掲げる主として専門学科（専門教育を主とする学科をいう。以下同じ。）において開設される各教科・科目及び設置者の定めるそれぞれの標準単位数を踏まえ、生徒に履修させる各教科・科目及びその単位数について適切に定めるものとする。

教科	科目
農業	農業と環境、課題研究、総合実習、農業情報処理、作物、野菜、果樹、草花、畜産、農業経営、農業機械、食品製造、食品化学、微生物利用、植物バイオテクノロジー、動物バイオテクノロジー、農業経済、食品流通、森林科学、森林経営、林産物利用、農業土木設計、農業土木施工、水循環、造園計画、造園技術、環境緑化材料、測量、生物活用、グリーンライフ
工業	工業技術基礎、課題研究、実習、製図、工業数理基礎、情報技術基礎、材料技術基礎、生産システム技術、工業技術英語、工業管理技術、環境工学基礎、機械工作、機械設計、原動機、電子機械、電子機械応用、自動車工学、自動車整備、電気基礎、電気機器、電力技術、電子技術、電子回路、電子計測制御、通信技術、電子情報技術、プログラミング技術、ハードウェア技術、ソフトウェア技術、コンピュータシステム技術、建築構造、建築計画、建築構造設計、建築施工、建築法規、設備計画、空気調和設備、衛生・防災設備、測量、土木基礎力学、土木構造設計、土木施工、社会基盤工学、工業化学、化学工学、地球環境化学、材料製造技術、工業材料、材料加工、セラミック化学、セラミック技術、セラミック工業、繊維製品、繊維・染色技術、染織デザイン、インテリア計画、インテリア装備、インテリアエレメント生産、デザイン技術、デザイン材料、デザイン史
商業	ビジネス基礎、課題研究、総合実践、ビジネス実務、マーケティング、商品開発、広告と販売促進、ビジネス経済、ビジネス経済応用、経済活動と法、簿記、財務会計Ⅰ、財務会計Ⅱ、原価計算、管理会計、情報処理、ビジネス情報、電子商取引、プログラミング、ビジネス情報管理
水産	水産海洋基礎、課題研究、総合実習、海洋情報技術、水産海洋科学、漁業、航海・計器、船舶運用、船用機関、機械設計工作、電気理論、移動体通信工学、海洋通信技術、資源増殖、海洋生物、海洋環境、小型船舶、食品製造、食品管理、水産流通、ダイビング、マリンスポーツ
家庭	生活産業基礎、課題研究、生活産業情報、消費生活、子どもの発達と保育、子ども文化、生活と福祉、リビングデザイン、服飾文化、ファッション造形基礎、ファッション造形、ファッションデザイン、服飾手芸、フードデザイン、食文化、調理、栄養、食品、食品衛生、公衆衛生
看護	基礎看護、人体と看護、疾病と看護、生活と看護、成人看護、老年看護、精神看護、在宅看護、母性看護、小児看護、看護の統合と実践、看護臨地実習、看護情報活用
情報	情報産業と社会、課題研究、情報の表現と管理、情報と問題解決、情報テクノロジー、アルゴリズムとプログラム、ネットワークシステム、データベース、情報システム実習、情報メディア、情報デザイン、表現メディアの編集と表現、情報コンテンツ実習
福祉	社会福祉基礎、介護福祉基礎、コミュニケーション技術、生活支援技術、介護過程、介護総合演習、介護実習、こころとからだの理解、福祉情報活用
理数	理数数学Ⅰ、理数数学Ⅱ、理数数学特論、理数物理、理数化学、理数生物、理数地学、課題研究

体育	スポーツ概論、スポーツⅠ、スポーツⅡ、スポーツⅢ、スポーツⅣ、スポーツⅤ、スポーツⅥ、スポーツ総合演習
音楽	音楽理論、音楽史、演奏研究、ソルフェージュ、声楽、器楽、作曲、鑑賞研究
美術	美術概論、美術史、素描、構成、絵画、版画、彫刻、ビジュアルデザイン、クラフトデザイン、情報メディアデザイン、映像表現、環境造形、鑑賞研究
英語	総合英語、英語理解、英語表現、異文化理解、時事英語

4　学校設定科目

学校においては、地域、学校及び生徒の実態、学科の特色等に応じ、特色ある教育課程の編成に資するよう、上記2及び3の表に掲げる教科について、これらに属する科目以外の科目（以下「学校設定科目」という。）を設けることができる。この場合において、学校設定科目の名称、目標、内容、単位数等については、その科目の属する教科の目標に基づき、各学校の定めるところによるものとする。

5　学校設定教科

(1)　学校においては、地域、学校及び生徒の実態、学科の特色等に応じ、特色ある教育課程の編成に資するよう、上記2及び3の表に掲げる教科以外の教科（以下「学校設定教科」という。）及び当該教科に関する科目を設けることができる。この場合において、学校設定教科及び当該教科に関する科目の名称、目標、内容、単位数等については、高等学校教育の目標及びその水準の維持等に十分配慮し、各学校の定めるところによるものとする。

(2)　学校においては、学校設定教科に関する科目として「産業社会と人間」を設けることができる。この科目の目標、内容、単位数等を各学校において定めるに当たっては、産業社会における自己の在り方生き方について考えさせ、社会に積極的に寄与し、生涯にわたって学習に取り組む意欲や態度を養うとともに、生徒の主体的な各教科・科目の選択に資するよう、就業体験等の体験的な学習や調査・研究などを通して、次のような事項について指導することに配慮するものとする。

ア　社会生活や職業生活に必要な基本的な能力や態度及び望ましい勤労観、職業観の育成

イ　我が国の産業の発展とそれがもたらした社会の変化についての考察

ウ　自己の将来の生き方や進路についての考察及び各教科・科目の履修計画の作成

第3款　各教科・科目の履修等

1　各学科に共通する必履修教科・科目及び総合的な学習の時間

(1)　すべての生徒に履修させる各教科・科目（以下「必履修教科・科目」という。）は次のとおりとし、その単位数は、第2款の2に標準単位数として示された単位数を下らないものとする。

ただし、生徒の実態及び専門学科の特色等を考慮し、特に必要がある場合には、「国語総合」については3単位又は2単位とし、「数学Ⅰ」及び「コミュニケーション英語Ⅰ」については2単位とすることができ、その他の必履修教科・科目（標準単位数が2単位であるものを除く。）についてはその単位数の一部を減じることができる。

ア　国語のうち「国語総合」

イ　地理歴史のうち「世界史Ａ」及び「世界史Ｂ」のうちから1科目並びに「日本史Ａ」、「日本史Ｂ」、「地理Ａ」及び「地理Ｂ」のうちから1科目

ウ　公民のうち「現代社会」又は「倫理」・「政治・経済」

エ　数学のうち「数学Ⅰ」

オ　理科のうち「科学と人間生活」、「物理基礎」、「化学基礎」、「生物基礎」及び「地学基礎」のうちから2科目（うち1科目は「科学と人間生活」とする。）又は「物理基礎」、「化学基礎」、「生物基礎」及び「地学基礎」のうちから3科目

カ　保健体育のうち「体育」及び「保健」

キ　芸術のうち「音楽Ⅰ」、「美術Ⅰ」、「工芸Ⅰ」及び「書道Ⅰ」のうちから1科目

ク　外国語のうち「コミュニケーション英語Ⅰ」（英語以外の外国語を履修する場合は、学校設定科目として設ける1科目とし、その標準単位数は3単位とする。）

ケ　家庭のうち「家庭基礎」、「家庭総合」及び「生活デザイン」のうちから1科目

コ　情報のうち「社会と情報」及び「情報の科学」のうちから1科目

(2)　総合的な学習の時間については、すべての生徒に履修させるものとし、その単位数は、第2款の2に標準単位数として示された単位数の下限を下らないものとする。ただし、特に必要がある場合には、その単位数を2単位とすることができる。

2　専門学科における各教科・科目の履修

専門学科における各教科・科目の履修については、上記1のほか次のとおりとする。

(1)　専門学科においては、専門教科・科目（第2款の3の表に掲げる各教科・科目、同表の教科に属する学校設定科目及び専門教育に関する学校設定教科に関する科目をいう。以下同じ。）について、すべての生徒に履修させる単位数は、25単位を下らないこと。ただし、商業に関する学科においては、上記の単位数の中に外国語に属する科目の単位を5単位まで含めることができること。また、商業に関する学科以外の専門学科においては、各学科の目標を達成する上で、専門教科・科目以外の教科・科目の履修により、専門教科・科目の履修と同様の成果が期待できる場合においては、その専門教科・科目以外の教科・科目の単位を5単位まで上記の単位数の中に含めることができること。

(2)　専門教科・科目の履修によって、上記1の必履修教科・科目の履修と同様の成果が期待できる場合においては、そ

の専門教科・科目の履修をもって、必履修教科・科目の履修の一部又は全部に替えることができること。

(3)　職業教育を主とする専門学科においては、総合的な学習の時間の履修により、農業、工業、商業、水産、家庭若しくは情報の各教科に属する「課題研究」、「看護臨地実習」又は「介護総合演習」（以下この項において「課題研究等」という。）の履修と同様の成果が期待できる場合においては、総合的な学習の時間の履修をもって課題研究等の履修の一部又は全部に替えることができる。また、課題研究等の履修により、総合的な学習の時間の履修と同様の成果が期待できる場合においては、課題研究等の履修をもって総合的な学習の時間の履修の一部又は全部に替えることができる。

3　総合学科における各教科・科目の履修等

総合学科における各教科・科目の履修等については、上記1のほか次のとおりとする。

(1)　総合学科においては、第2款の5の(2)に掲げる「産業社会と人間」をすべての生徒に原則として入学年次に履修させるものとし、標準単位数は2～4単位とすること。

(2)　総合学科においては、学年による教育課程の区分を設けない課程（以下「単位制による課程」という。）とすることを原則とするとともに、「産業社会と人間」及び専門教科・科目を合わせて25単位以上設け、生徒が多様な各教科・科目から主体的に選択履修できるようにすること。

その際、生徒が選択履修するに当たっての指針となるよう、体系性や専門性等において相互に関連する各教科・科目によって構成される科目群を複数設けるとともに、必要に応じ、それら以外の各教科・科目を設け、生徒が自由に選択履修できるようにすること。

第４款　各教科・科目、総合的な学習の時間及び特別活動の授業時数等

1　全日制の課程における各教科・科目及びホームルーム活動の授業は、年間35週行うことを標準とし、必要がある場合には、各教科・科目の授業を特定の学期又は特定の期間（夏季、冬季、学年末等の休業日の期間に授業日を設定する場合を含む。）に行うことができる。

2　全日制の課程における週当たりの授業時数は、30単位時間を標準とする。ただし、必要がある場合には、これを増加することができる。

3　定時制の課程における授業日数の季節的配分又は週若しくは1日当たりの授業時数については、生徒の勤労状況と地域の諸事情等を考慮して、適切に定めるものとする。

4　ホームルーム活動の授業時数については、原則として、年間35単位時間以上とするものとする。

5　生徒会活動及び学校行事については、学校の実態に応じて、それぞれ適切な授業時数を充てるものとする。

6　定時制の課程において、特別の事情がある場合には、ホームルーム活動の授業時数の一部を減じ、又はホームルーム活動及び生徒会活動の内容の一部を行わないものとすることが

できる。

7　各教科・科目、総合的な学習の時間及び特別活動（以下「各教科・科目等」という。）のそれぞれの授業の1単位時間は、各学校において、各教科・科目等の授業時数を確保しつつ、生徒の実態及び各教科・科目等の特質を考慮して適切に定めるものとする。なお、10分間程度の短い時間を単位として特定の各教科・科目の指導を行う場合において、当該各教科・科目を担当する教師がその指導内容の決定や指導の成果の把握と活用等を責任をもって行う体制が整備されているときは、その時間を当該各教科・科目の授業時数に含めることができる。

8　総合的な学習の時間における学習活動により、特別活動の学校行事に掲げる各行事の実施と同様の成果が期待できる場合においては、総合的な学習の時間における学習活動をもって相当する特別活動の学校行事に掲げる各行事の実施に替えることができる。

第5款　教育課程の編成・実施に当たって配慮すべき事項

1　選択履修の趣旨を生かした適切な教育課程編成

教育課程の編成に当たっては、生徒の特性、進路等に応じた適切な各教科・科目の履修ができるようにし、このため、多様な各教科・科目を設け生徒が自由に選択履修することのできるよう配慮するものとする。また、教育課程の類型を設け、そのいずれかの類型を選択して履修させる場合においても、その類型において履修させることになっている各教科・科目以外の各教科・科目を履修させたり、生徒が自由に選択履修することのできる各教科・科目を設けたりするものとする。

2　各教科・科目等の内容等の取扱い

(1)　学校においては、第2章以下に示していない事項を加えて指導することができる。また、第2章以下に示す内容の取扱いのうち内容の範囲や程度等を示す事項は、当該科目を履修するすべての生徒に対して指導するものとする内容の範囲や程度等を示したものであり、学校において必要がある場合には、この事項にかかわらず指導することができる。ただし、これらの場合には、第2章以下に示す教科、科目及び特別活動の目標や内容の趣旨を逸脱したり、生徒の負担過重になったりすることのないようにするものとする。

(2)　第2章以下に示す各教科・科目及び特別活動の内容に掲げる事項の順序は、特に示す場合を除き、指導の順序を示すものではないので、学校においては、その取扱いについて適切な工夫を加えるものとする。

(3)　学校においては、あらかじめ計画して、各教科・科目の内容及び総合的な学習の時間における学習活動を学期の区分に応じて単位ごとに分割して指導することができる。

(4)　学校においては、特に必要がある場合には、第2章及び第3章に示す教科及び科目の目標の趣旨を損なわない範囲内で、各教科・科目の内容に関する事項について、基礎的・基本的な事項に重点を置くなどその内容を適切に選択して指導することができる。

3 指導計画の作成に当たって配慮すべき事項

各学校においては、次の事項に配慮しながら、学校の創意工夫を生かし、全体として、調和のとれた具体的な指導計画を作成するものとする。

(1) 各教科・科目等について相互の関連を図り、発展的、系統的な指導ができるようにすること。

(2) 各教科・科目の指導内容については、各事項のまとめ方及び重点の置き方に適切な工夫を加えて、効果的な指導ができるようにすること。

(3) 学校や生徒の実態等に応じ、必要がある場合には、例えば次のような工夫を行い、義務教育段階での学習内容の確実な定着を図るようにすること。

ア 各教科・科目の指導に当たり、義務教育段階での学習内容の確実な定着を図るための学習機会を設けること。

イ 義務教育段階での学習内容の確実な定着を図りながら、必履修教科・科目の内容を十分に習得させることができるよう、その単位数を標準単位数の標準の限度を超えて増加して配当すること。

ウ 義務教育段階での学習内容の確実な定着を図ることを目標とした学校設定科目等を履修させた後に、必履修教科・科目を履修させるようにすること。

(4) 全教師が協力して道徳教育を展開するため、第1款の2に示す道徳教育の目標を踏まえ、指導の方針や重点を明確にして、学校の教育活動全体を通じて行う道徳教育について、その全体計画を作成すること。

4 職業教育に関して配慮すべき事項

(1) 普通科においては、地域や学校の実態、生徒の特性、進路等を考慮し、必要に応じて、適切な職業に関する各教科・科目の履修の機会の確保について配慮するものとする。

(2) 職業教育を主とする専門学科においては、次の事項に配慮するものとする。

ア 職業に関する各教科・科目については、実験・実習に配当する授業時数を十分確保するようにすること。

イ 生徒の実態を考慮し、職業に関する各教科・科目の履修を容易にするため特別な配慮が必要な場合には、各分野における基礎的又は中核的な科目を重点的に選択し、その内容については基礎的・基本的な事項が確実に身に付くように取り扱い、また、主として実験・実習によって指導するなどの工夫をこらすようにすること。

(3) 学校においては、キャリア教育を推進するために、地域や学校の実態、生徒の特性、進路等を考慮し、地域や産業界等との連携を図り、産業現場等における長期間の実習を取り入れるなどの就業体験の機会を積極的に設けるとともに、地域や産業界等の人々の協力を積極的に得るよう配慮するものとする。

(4) 職業に関する各教科・科目については、次の事項に配慮するものとする。

ア　職業に関する各教科・科目については、就業体験をもって実習に替えることができること。この場合、就業体験は、その各教科・科目の内容に直接関係があり、かつ、その一部としてあらかじめ計画されるものであることを要すること。

イ　農業、水産及び家庭に関する各教科・科目の指導に当たっては、ホームプロジェクト並びに学校家庭クラブ及び学校農業クラブなどの活動を活用して、学習の効果を上げるよう留意すること。この場合、ホームプロジェクトについては、その各教科・科目の授業時数の10分の2以内をこれに充てることができること。

ウ　定時制及び通信制の課程において、職業に関する各教科・科目を履修する生徒が、現にその各教科・科目と密接な関係を有する職業（家事を含む。）に従事している場合で、その職業における実務等が、その各教科・科目の一部を履修した場合と同様の成果があると認められるときは、その実務等をもってその各教科・科目の履修の一部に替えることができること。

5　教育課程の実施等に当たって配慮すべき事項

以上のほか、次の事項について配慮するものとする。

(1)　各教科・科目等の指導に当たっては、生徒の思考力、判断力、表現力等をはぐくむ観点から、基礎的・基本的な知識及び技能の活用を図る学習活動を重視するとともに、言語に対する関心や理解を深め、言語に関する能力の育成を図る上で必要な言語環境を整え、生徒の言語活動を充実すること。

(2)　学校の教育活動全体を通じて、個々の生徒の特性等の的確な把握に努め、その伸長を図ること。また、生徒が適切な各教科・科目や類型を選択し学校やホームルームでの生活によりよく適応するとともに、現在及び将来の生き方を考え行動する態度や能力を育成することができるよう、ガイダンスの機能の充実を図ること。

(3)　教師と生徒の信頼関係及び生徒相互の好ましい人間関係を育てるとともに生徒理解を深め、生徒が主体的に判断、行動し積極的に自己を生かしていくことができるよう、生徒指導の充実を図ること。

(4)　生徒が自己の在り方生き方を考え、主体的に進路を選択することができるよう、学校の教育活動全体を通じ、計画的、組織的な進路指導を行い、キャリア教育を推進すること。

(5)　各教科・科目等の指導に当たっては、生徒が学習の見通しを立てたり学習したことを振り返ったりする活動を計画的に取り入れるようにすること。

(6)　各教科・科目等の指導に当たっては、教師間の連携協力を密にするなど指導体制を確立するとともに、学校や生徒の実態に応じ、個別指導やグループ別指導、繰り返し指導、教師間の協力的な指導、生徒の学習内容の習熟の程度等に応じた弾力的な学級の編成など指導方法や指導体制を工夫改善し、個に応じた指導の充実を図ること。

(7)　学習の遅れがちな生徒などについては、各教科・科目等の選択、その内容の取扱いなどについて必要な配慮を行い、生徒の実態に応じ、例えば義務教育段階の学習内容の確実な定着を図るための指導を適宜取り入れるなど、指導内容や指導方法を工夫すること。

(8)　障害のある生徒などについては、各教科・科目等の選択、その内容の取扱いなどについて必要な配慮を行うとともに、特別支援学校等の助言又は援助を活用しつつ、例えば指導についての計画又は家庭や医療、福祉、労働等の業務を行う関係機関と連携した支援のための計画を個別に作成することなどにより、個々の生徒の障害の状態等に応じた指導内容や指導方法の工夫を計画的、組織的に行うこと。

(9)　海外から帰国した生徒などについては、学校生活への適応を図るとともに、外国における生活経験を生かすなど適切な指導を行うこと。

(10)　各教科・科目等の指導に当たっては、生徒が情報モラルを身に付け、コンピュータや情報通信ネットワークなどの情報手段を適切かつ実践的、主体的に活用できるようにするための学習活動を充実するとともに、これらの情報手段に加え視聴覚教材や教育機器などの教材・教具の適切な活用を図ること。

(11)　学校図書館を計画的に利用しその機能の活用を図り、生徒の主体的、意欲的な学習活動や読書活動を充実すること。

(12)　生徒のよい点や進歩の状況などを積極的に評価するとともに、指導の過程や成果を評価し、指導の改善を行い学習意欲の向上に生かすようにすること。

(13)　生徒の自主的、自発的な参加により行われる部活動については、スポーツや文化及び科学等に親しませ、学習意欲の向上や責任感、連帯感の涵養《かんよう》等に資するものであり、学校教育の一環として、教育課程との関連が図られるよう留意すること。その際、地域や学校の実態に応じ、地域の人々の協力、社会教育施設や社会教育関係団体等の各種団体との連携などの運営上の工夫を行うようにすること。

(14)　学校がその目的を達成するため、地域や学校の実態等に応じ、家庭や地域の人々の協力を得るなど家庭や地域社会との連携を深めること。また、高等学校間や中学校、特別支援学校及び大学などとの間の連携や交流を図るとともに、障害のある幼児児童生徒などとの交流及び共同学習や高齢者などとの交流の機会を設けること。

第6款　単位の修得及び卒業の認定

1　各教科・科目及び総合的な学習の時間の単位の修得の認定

(1)　学校においては、生徒が学校の定める指導計画に従って各教科・科目を履修し、その成果が教科及び科目の目標からみて満足できると認められる場合には、その各教科・科目について履修した単位を修得したことを認定しなければならない。

(2)　学校においては、生徒が学校の定める指導計画に従って総合的な学習の時間を履修し、その成果が第4章に定める目標からみて満足できると認められる場合には、総合的な学習の時間について履修した単位を修得したことを認定しなければならない。

(3) 学校においては、生徒が1科目又は総合的な学習の時間を2以上の年次にわたって分割履修したときは、各年次ごとにその各教科・科目又は総合的な学習の時間について履修した単位を修得したことを認定することを原則とする。また、単位の修得の認定を学期の区分ごとに行うことができる。

2 卒業までに修得させる単位数

学校においては、卒業までに修得させる単位数を定め、校長は、当該単位数を修得した者で、特別活動の成果がその目標からみて満足できると認められるものについて、高等学校の全課程の修了を認定するものとする。この場合、卒業までに修得させる単位数は、74単位以上とする。なお、普通科においては、卒業までに修得させる単位数に含めることができる学校設定科目及び学校設定教科に関する科目に係る修得単位数は、合わせて20単位を超えることができない。

3 各学年の課程の修了の認定

学校においては、各学年の課程の修了の認定については、単位制が併用されていることを踏まえ、弾力的に行うよう配慮するものとする。

第7款 通信制の課程における教育課程の特例

通信制の課程における教育課程については、第1款から第6款まで（第4款、第5款の1並びに第5款の4の(4)のア及びイを除く。）に定めるところによるほか、次に定めるところによる。

1 各教科・科目の添削指導の回数及び面接指導の単位時間（1単位時間は、50分として計算するものとする。以下同じ。）数の標準は、1単位につき次の表のとおりとするほか、学校設定教科に関する科目のうち専門教科・科目以外のものについては、各学校が定めるものとする。

各教科・科目	添削指導（回）	面接指導（単位時間）
国語、地理歴史、公民及び数学に属する科目	3	1
理科に属する科目	3	4
保健体育に属する科目のうち「体育」	1	5
保健体育に属する科目のうち「保健」	3	1
芸術及び外国語に属する科目	3	4
家庭及び情報に属する科目並びに専門教科・科目	各教科・科目の必要に応じて2～3	各教科・科目の必要に応じて2～8

2　総合的な学習の時間の標準単位数は3～6単位とし、その添削指導の回数及び面接指導の単位時間数については、各学校において、学習活動に応じ適切に定めるものとする。ただし、特に必要がある場合には、その単位数を2単位とすることができる。

3　面接指導の授業の1単位時間は、各学校において、各教科・科目の面接指導の単位時間数を確保しつつ、生徒の実態及び各教科・科目等の特質を考慮して適切に定めるものとする。

4　学校が、その指導計画に、各教科・科目又は特別活動について計画的かつ継続的に行われるラジオ放送、テレビ放送その他の多様なメディアを利用して行う学習を取り入れた場合で、生徒がこれらの方法により学習し、報告課題の作成等により、その成果が満足できると認められるときは、その生徒について、その各教科・科目の面接指導の時間数又は特別活動の時間数のうち、各メディアごとにそれぞれ10分の6以内の時間数を免除することができる。ただし、免除する時間数は、合わせて10分の8を超えることができない。

5　特別活動については、ホームルーム活動を含めて、各々の生徒の卒業までに30単位時間以上指導するものとする。なお、特別の事情がある場合には、ホームルーム活動及び生徒会活動の内容の一部を行わないものとすることができる。

資料2　近代教育史年表

教師養成研究会編著『近代教育史』学芸図書、一九九四年の所収の「近代教育史年表」に適宜補足した。
略称（登場順）＝〔伊〕イタリア、〔仏〕フランス、〔英〕イギリス、〔独〕ドイツ、〔ポ〕ポーランド、〔米〕アメリカ、〔日〕日本、〔ベ〕ベルギー、〔露〕ロシア、〔ソ〕ソヴィエト連邦、〔中〕中国

一一五八〔伊〕ボローニャ大学公認（フリードリッヒ一世）。

一一八〇〔仏〕パリ大学認可（ルイ七世）。

一二〇九〔英〕ケンブリッジ大学設立。

一二七二　十字軍（一〇九六～　）終わる。

一三八五〔独〕ハイデルベルク大学設立。

一三九三〔英〕ウィンチェスター・カレッジ（最古のパブリック・スクール）設立。

一四四〇〔独〕このころ活版印刷発明（グーテンベルク）。

一四八四　アグリコラ Rudolfo Agricola『学習形態論 *De formando studio*』

一四九二　アメリカ大陸発見（コロンブス）。

一五一一　エラスムス Erasmus『学習法論 *De Ratione Studii*』

一五一七〔独〕ルターの九五ヵ条文出される。

一五一九　マゼラン世界周航（　～一五二二）。

一五二〇〔独〕全大学に人文的講座置かれる。

一五三一　ビベス Juan Luis Vives『学問論 *De Disciplinis*』

一五三三　ラブレー François Rabelais『ガルガンチュアとパンタグリュエル *La Vie de Gargantua et de Pantagruel*』

一五三六〔独〕メランヒトン（Melanchton）、ヴィッテンベルク大学を改革。

一五三七〔独〕シュトゥルム（Johannes Sturm）、シュトラスブルクのギムナジウム経営。

一五四三〔ポ〕コペルニクス、地動説を発表。

一五七一　アスカム Roger Ascham『学校教師 *The Scholemaster*』

一五八〇　モンテーニュ Montaigne『随想録 *Essai*』

一五九九　イエズス会、学事規制を発布。

一六〇五　フランシス・ベーコン Francis Bacon『学問の進歩 *The Advancement of Learning*』

一六一八〔独〕ラトケ（Wolfgang Ratke）、ケーテンで新教育の計画を始める。

一六二〇〔米〕アメリカ東海岸プリマスにピューリタン一行上陸。

一六三五〔米〕ボストンのラテン文法学校設立。

一六三六〔米〕ハーヴァード大学設立。

一六四二〔米〕マサチューセッツ州でアメリカ最初の教育法制定。
〔独〕ゴータ学校令を公布。

一六四四 ミルトン John Milton『教育論 *Of Education*』

一六五七 コメニウス Johann Amos Comenius『世界図絵 *Orbis sensualium pictus*』

一六六一〔仏〕ルイ一四世親政（フランス絶対主義全盛）。

一六八七 フェヌロン Fénelon『女子教育論 *Traité de l'éducation des filles*』

一六九三 ロック John Locke『教育論 *Some Thoughts concerning Education* 』

一七〇五〔英〕キリスト教知識普及協会（S.P.C.K.）慈善学校の設立開始。

一七四八〔独〕ヘッカー（Johann Julius Hecker）、経済・数学実科学校を設立。

一七五一〔米〕フランクリン（Benjamin Franklin）の提案によりペンシルヴァニアにアカデミー設立。
〔仏〕ディドロ（Deni Didrot）らの百科全書発行（〜一七七二）。

一七六〇〔仏〕ド・レペー（Charles Michel de l'Epee）、聾唖学校を開設。

一七六二 ルソー Jean-Jaques Rousseau『社会契約論 *Du Contrat social*』『エミール *L'Émile*』

一七七一〔英〕アークライト（Richard Arkwright）、機械工場制紡績業を開始。

一七七四〔独〕バゼドウ（Johann Bernhard Basedow）、デッサウの汎愛学校を設立。

一七七五〔米〕アメリカ独立戦争起こる（〜一七八三）。

一七八〇〔英〕レイクス（Robert Raikes）、日曜学校を始める。
ペスタロッチー Johann Heinrich Pestalozzi『隠者の夕暮れ Die Abendstunde eines Einsiedlers』

一七八一 ペスタロッチー『リーンハルトとゲルトルート Lienhard und Gertrud 』（〜一七八七）

一七八四〔独〕ザルツマン（Christian Gotthilf Salzmann）、シュネッフェンタールに汎愛学校を設立。
〔仏〕アウイ（Valentine Hauy）、盲学校を設立。

一七八九〔仏〕フランス革命起こる。立憲議会「人権宣言」を公布。

一七九二〔仏〕コンドルセ（Antoine Nicolas Condorcet）、公教育の組織に関する法案を立法議会に提出。

一七九五〔仏〕パリに師範学校設立。
シラー Friedrich von Schiller『美的教育論 Über die ästhetische Erziehung des Menschen 』

一七九九〔仏〕ナポレオン、クーデターにより政権を獲得。

一八〇二〔仏〕ナポレオン「公教育法」を公布。

一八〇六 ヘルバルト Johann Friedrich Herbart『一般教育学 Allgemeine Pädagogik』

一八〇八〔英〕ランカスターの「貧民教育協会」設立。

一八一一〔英〕ベルの「貧民教育振興国民教育」設立。

一八一三 オーエン Robert Owen『新社会観 *A New View*

of Society』
一八一六〔英〕オーエン「性格形成学院」設立。
一八二一〔米〕ボストンに最初のハイ・スクール設立。
一八二四〔英〕ロンドンにインファント・スクール協会設立。
一八二六　フレーベル Friedrich Fröbel『人間教育 Die Menschenerziehung』
一八三三〔仏〕ギゾー（Guillaume Guizot）文相、初等教育法を発布。
一八三五　ヘルバルト『教育学講義綱要 Umriß pädagogischer Volesungen』
一八三七〔米〕ホレース・マン（Horace Mann）、マサチューセッツ州教育委員会の教育長に就任。
〔独〕フレーベル、ブランケンブルクに幼児の学園を開設。幼稚園教育の基礎。
一八三九〔米〕バーナード（Henry Barnard）、コネティカット州教育委員会の教育長に就任。
〔米〕レキシントンに米国最初の州立師範学校設立。
一八四八　マルクス『共産党宣言』
一八五九　ダーウィン『種の起源』
一八六一〔米〕シェルドン（Edward Sheldon）、オスウィゴー市に師範学校設立。ペスタロッチー主義教育運動（オスウィゴー運動）を起こす。
スペンサー Herbert Spencer『教育論 *Education*』
一八六七　ウシンスキー K.D.Ushinskii『教育的人間学 Pedagogicheskaja antropodogija』

一八六九〔米〕エリオット（Charles W.Elliot）、ハーヴァード大学総長就任、以後多くの教育改革を行う。

一八七一〔日〕文部省設置。

一八七二〔日〕太政官「学制」についての布告を出す（太政官被仰出書）。「学制」発布。福沢諭吉『学問ノススメ』初編
一八七四〔日〕モルレー（David Morley）、文部省学監就任。

一八七七〔日〕東京大学設立。

一八七九〔日〕「教学大旨」示される。

〔日〕「教育令」公布。

〔英〕初等教育法により、一〇歳までの就学義務制確立。

一八八〇〔日〕改正教育令公布。

一八八二〔仏〕六歳〜一三歳の初等教育義務制となる。

一八八五〔日〕森有礼、初代文部大臣就任。

一八八六〔独〕「ドイツ統一学校連盟」結成。

〔日〕「帝国大学令」「小学校令」「中学校令」「師範学校令」公布。

一八八八　ディルタイ Wilhelm Dilthey『普遍妥当の教育学の可能性についてÜber die Möglichkeit einer allgemein gültigen Pädagogik』

一八八九〔日〕「大日本帝国憲法」公布。

〔日〕ハウスクネヒト（Emil Hausknecht）、帝国大学で教育学を担当。

一八九〇〔日〕「小学校令」改正。

〔日〕教育勅語発布。

一八九三〔日〕井上毅、文部大臣就任。

一八九四〔日〕「高等学校令」公布。

日清戦争起こる（～一八九五）。

一八九五〔独〕ケルシェンシュタイナー（Georg Kerschensteiner）、ミュンヘン市の学務官に就任（～一九一九）。

〔米〕「全米ヘルバルト協会」設立（後にN.S.S.E.）。

一八九六〔米〕デューイ（John Dewey）、シカゴ大学付属の実験学校を開設。

一八九八〔独〕リーツ（Hermann Lietz）、田園家塾を開く。

一八九九〔日〕「中学校令」改正。「実業学校令」「高等女学校令」「私立学校令」公布。

デューイ『学校と社会 *The School and Society*』

ナトルプ Paul Gerhard Natorp『社会的教育学 Sozialpädagogik』

一九〇〇〔日〕「小学校令」改正によって義務就学四年制（無償制）確立。

ケイ Ellen Key『児童の世紀 *The Century of the Child*』（原文はスウェーデン語）

一九〇二〔英〕教育法（バルフォア法）制定。

〔仏〕リボー委員会の報告書に基づく中等教育改革の法律制定。

一九〇三〔日〕「専門学校令」公布。

〔日〕国定教科書制度成立。

一九〇四 日露戦争起こる（～一九〇五）。


一九〇七〔日〕「小学校令」改正、義務教育の年限を六年に延長。

〔伊〕モンテッソーリ（Maria Montessori）、「児童の家」を開設。
〔ベ〕ドクロリ（Ovide Decroly）、イクセルに新学校を起こす。
モイマン Ernst Meumann『実験教育学入門講義 Vorlesungen zur Einführung in die Experimentelle Pädagogik und Ihre Psychologischen Grundlagen』
ジェームズ William James『プラグマティズム *Pragmatism*』
一九一〇〔米〕カリフォルニア州バークレー市にジュニア・ハイスクール（三年制）三校開設。
〔米〕カリフォルニア州フレスノに最初のジュニア・カレッジ設立。
一九一二 ケルシェンシュタイナー『作業学校の概念 Begriff der Arbeitsschule』
一九一三 ソーンダイク Edward L. Thorndike『教育心理学 *Educational Psychology*』（～一九一四）
一九一四 第一次世界大戦起こる（～一九一八）。
〔米〕ナースリー・スクール始められる。
一九一六 デューイ『民主主義と教育 *Democracy and Education*』
一九一七〔露〕ソビエト政権成立。
〔日〕臨時教育会議設置。

一九一八　〔日〕世界大戦休戦条約成立。
〔日〕「高等学校令」「大学令」公布。
〔英〕教育法（フィッシャー法）制定。
〔米〕進歩主義教育協会（ＰＥＡ）創立。
〔ソ〕「単一労働学校令」発布。
キルパトリック William Heard Kilpatrick『プロジェクト・メソッド *The Project Method*』
一九一九　〔独〕ワイマール憲法、統一学校制度を規定。
シュプランガー Eduard Spranger『文化と教育 Kultur und Erziehung』
一九二〇　〔独〕「基礎学校法」制定。
〔米〕憲法改正、婦人参政権認められる。
〔米〕パーカースト（Helen Parkhurst）、ドルトン・プランを実施。
一九二一　国際新教育連盟結成。
一九二二　〔伊〕ファシスト党政権成立。ジェンティーレ（Giovanni Gentile）、ムッソリーニの下で文相就任。
クリーク Ernst Krieck『教育の哲学 Philosophie der Erziehung』
デュルケム Emile Durkheim『教育と社会学 *Education et sociologie*』
一九二四　〔英〕ハドウ委員会設置される。
〔独〕ペーターゼン（Peter Petersen）、イェーナ・プランを実施。
一九二五　〔ソ〕トロツキー失脚、スターリン主導権を握る。

〔日〕普通選挙制成立。
クリーク『人間形成 Menschenformung』
一九二六　〔日〕「幼稚園令」公布。
一九二九　〔米〕ウォール街株式暴落し、世界経済恐慌はじまる。
一九三一　満州事変起こる。（翌年満州国建国宣言）
一九三二　〔日〕五・一五事件起こる。
一九三三　〔独〕ヒットラー首相に就任、独裁権樹立。
日本、国際連盟脱退を通告。
一九三五　〔米〕ヴァージニア州、コア・カリキュラムのヴァージニア・プランを実施。
〔日〕「青年学校令」公布。
一九三六　〔日〕二・二六事件起こる。
一九三七　日華事変起こる。
〔日〕教育審議会設置。
一九三八　〔英〕スペンス委員会、中等教育についての報告書を発表。
〔米〕「エッセンシャリスト宣言」出される。
一九三九　第二次世界大戦起こる。
〔日〕青年学校（男子）義務制となる。
一九四一　〔日〕「国民学校令」公布。
太平洋戦争起こる。
一九四三　〔日〕「中等学校令」公布。
一九四四　〔英〕教育法（バトラー法）制定。
一九四五　第二次世界大戦終わる。
国際連合教育科学文化機関（ユネスコ）憲章採

択。

一九四六〔日〕アメリカ合衆国教育使節団報告書提出。

〔日〕教育刷新委員会設置。

〔日〕「日本国憲法」公布。

一九四七〔仏〕ランジュヴァン委員会教育改革案発表。

〔日〕「教育基本法」「学校教育法」公布。

一九四八〔日〕日本教職員組合結成。

ソ連ベルリン封鎖により、米ソ関係悪化。

国際連合、世界人権宣言採択。

〔日〕「教育委員会法」公布。

一九四九〔日〕「教育職員免許法」「社会教育法」「私立学校法」公布。

一九五〇　朝鮮事変起こる。

〔日〕「図書館法」公布。

〔日〕短期大学発足。

一九五一〔日〕対日平和条約・日米安全保障条約調印。

一九五二〔日〕中央教育審議会設置。

一九五四〔米〕連邦最高裁判所、黒人の分離教育を違憲と判決。

〔日〕教員の政治的活動制限、政治的中立に関する教育二法律公布。

一九五六　日ソ共同宣言。

〔日〕「地方教育行政の組織及び運営に関する法律」公布。

一九五七〔日〕日教組、全国で勤務評定抗議集会を開く。

一九五八〔日〕道徳の時間特設。


一九五九〔米〕合衆国防衛教育法成立。

国際教育学会議を東京で開催。

〔英〕「クラウザー報告書」提出される。

一九六〇〔日〕日米新安保条約反対運動起こる。同条約発効。

ブルーナー **Jerome Seymour Bruner**『教育の過程 *The Process of Education*』

一九六二〔日〕「義務教育諸学校の教科用図書の無償に関する法律」公布。

〔日〕高等専門学校発足。

一九六三〔仏〕新たに前期中等教育コレージュを設置。

一九六五　ユネスコ成人教育推進国際委員会、「生涯教育」の構想を勧告。

〔英〕総合制中等学校としてコンプリヘンシヴ・スクールを設置。

一九六六　国際連合、国際人権規約採択。

ユネスコ、「教員の地位に関する勧告」採択。

〔中〕文化大革命はじまる。

一九六八〔日〕このころ大学紛争さかん。

一九七〇　国際教育年。

イリッチ **Ivan Illich**『脱学校の社会 *The Deschooling Society*』

一九七二　日中国交回復。

一九七五〔日〕「私立学校振興助成法」公布。

一九七六〔日〕専修学校発足。

一九七九　国際児童年。

一九八二〔日〕歴史教科書の記述について、中国、韓国が抗議。
一九八三〔日〕放送大学設置。
一九八九　　国際連合、児童権利条約採択。
一九九〇〔日〕生涯学習振興法（略称）公布。
　　　〔独〕東西ドイツ統一。
一九九一〔ソ〕ソビエト連邦消滅宣言。
一九九八〔日〕中等教育学校の制度化。

資料3　各国の学校系統図

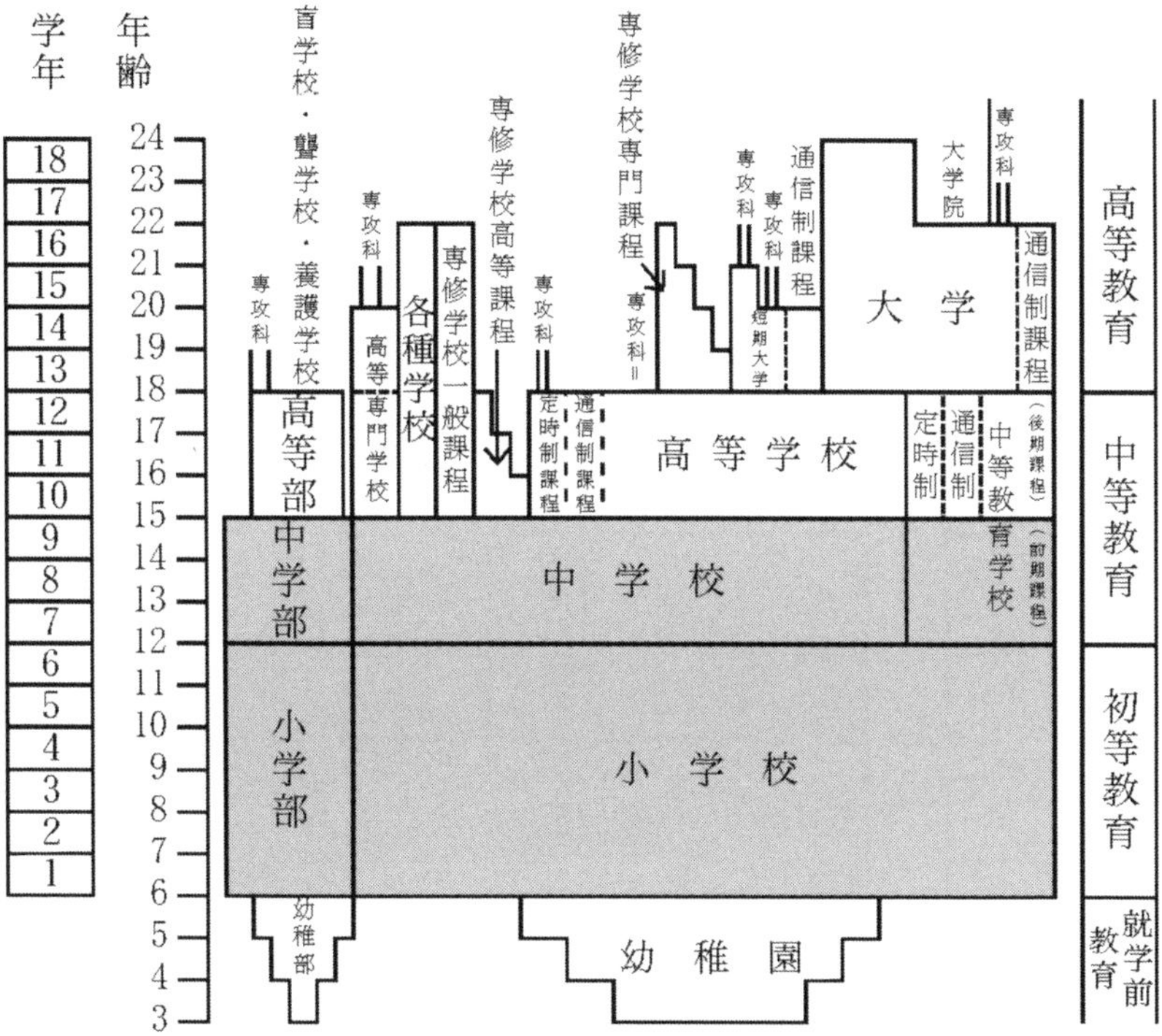

日 本

（出典：文部科学省『平成16年教育指標の国際比較』、網掛け部分は義務教育）

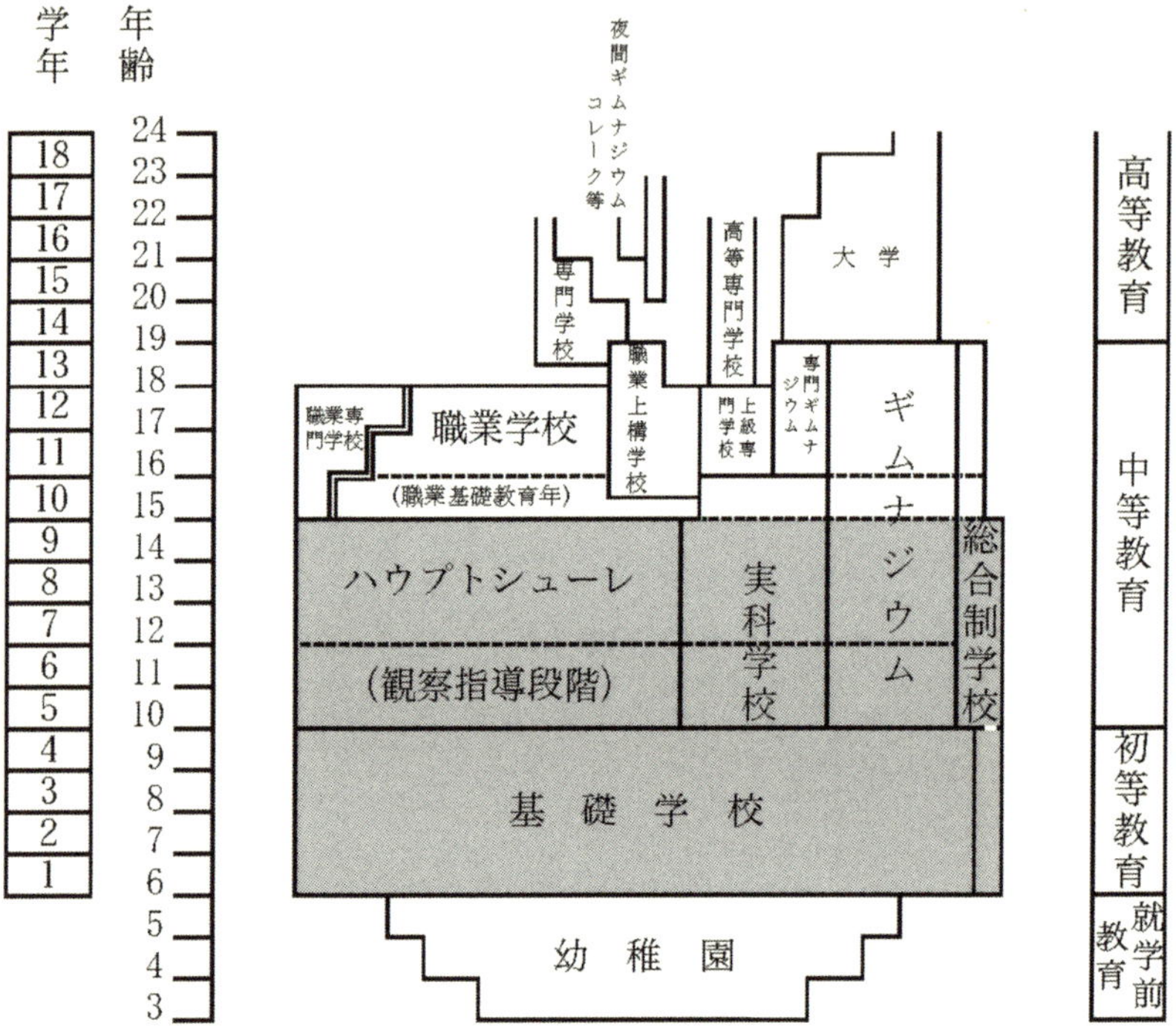

ドイツ

(出典：文部科学省『平成 16 年教育指標の国際比較』、網掛け部分は義務教育)

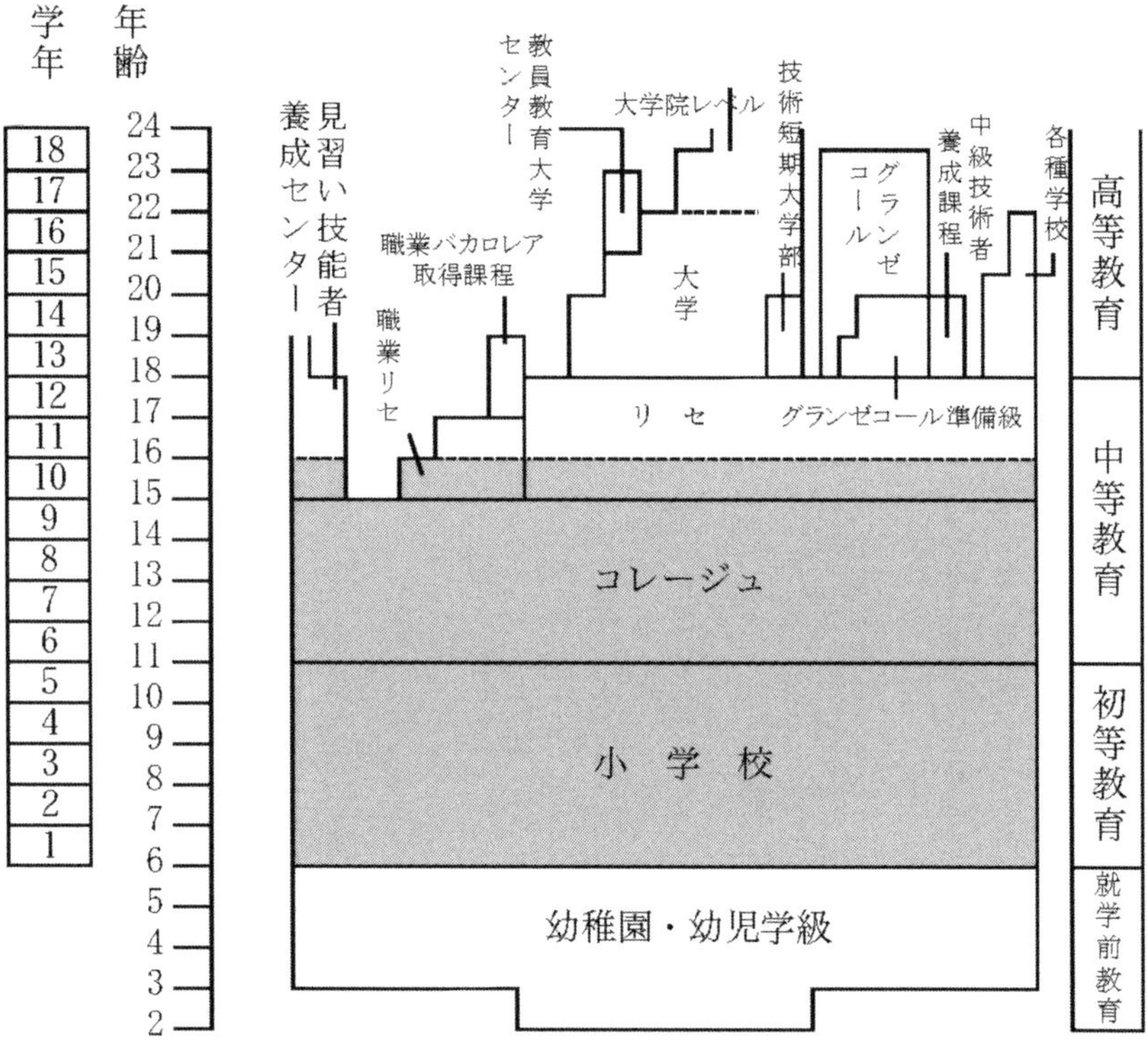

フランス

（出典：文部科学省『平成 16 年教育指標の国際比較』、網掛け部分は義務教育）

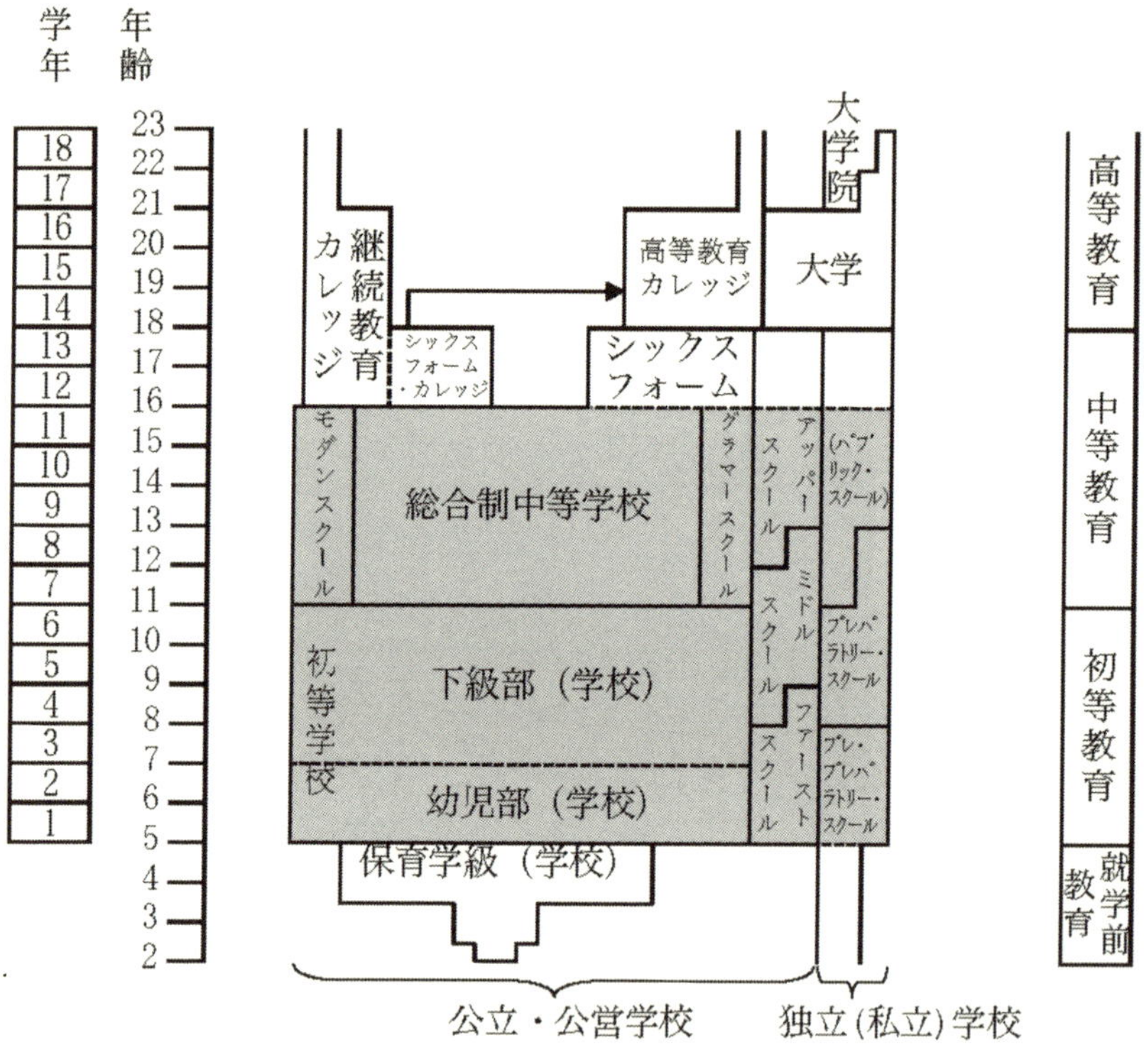

イギリス

（出典：文部科学省『平成16年教育指標の国際比較』、網掛け部分は義務教育）

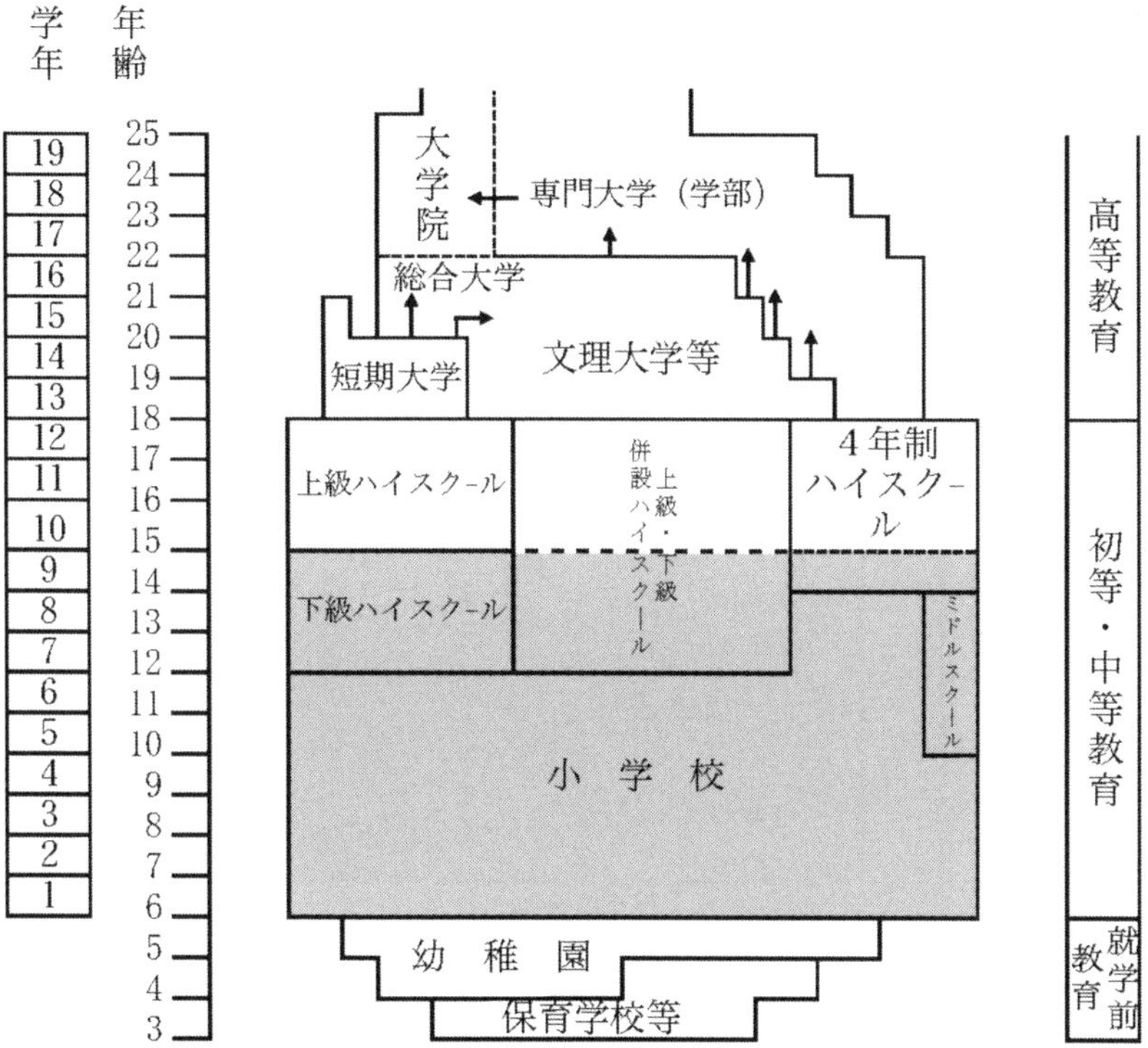

アメリカ合衆国

（出典：文部科学省『平成16年教育指標の国際比較』、網掛け部分は義務教育）

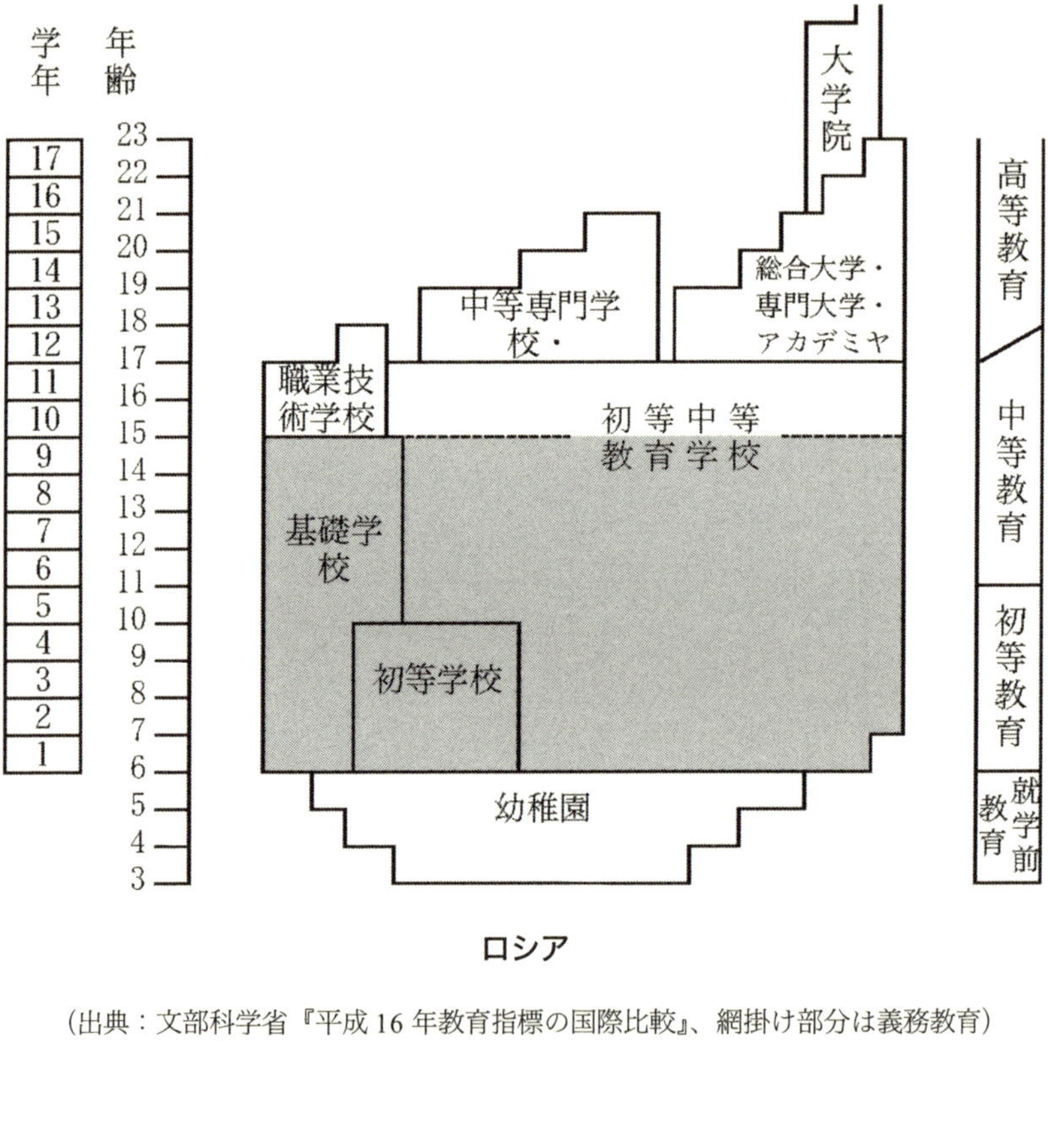

ロシア

（出典：文部科学省『平成 16 年教育指標の国際比較』、網掛け部分は義務教育）

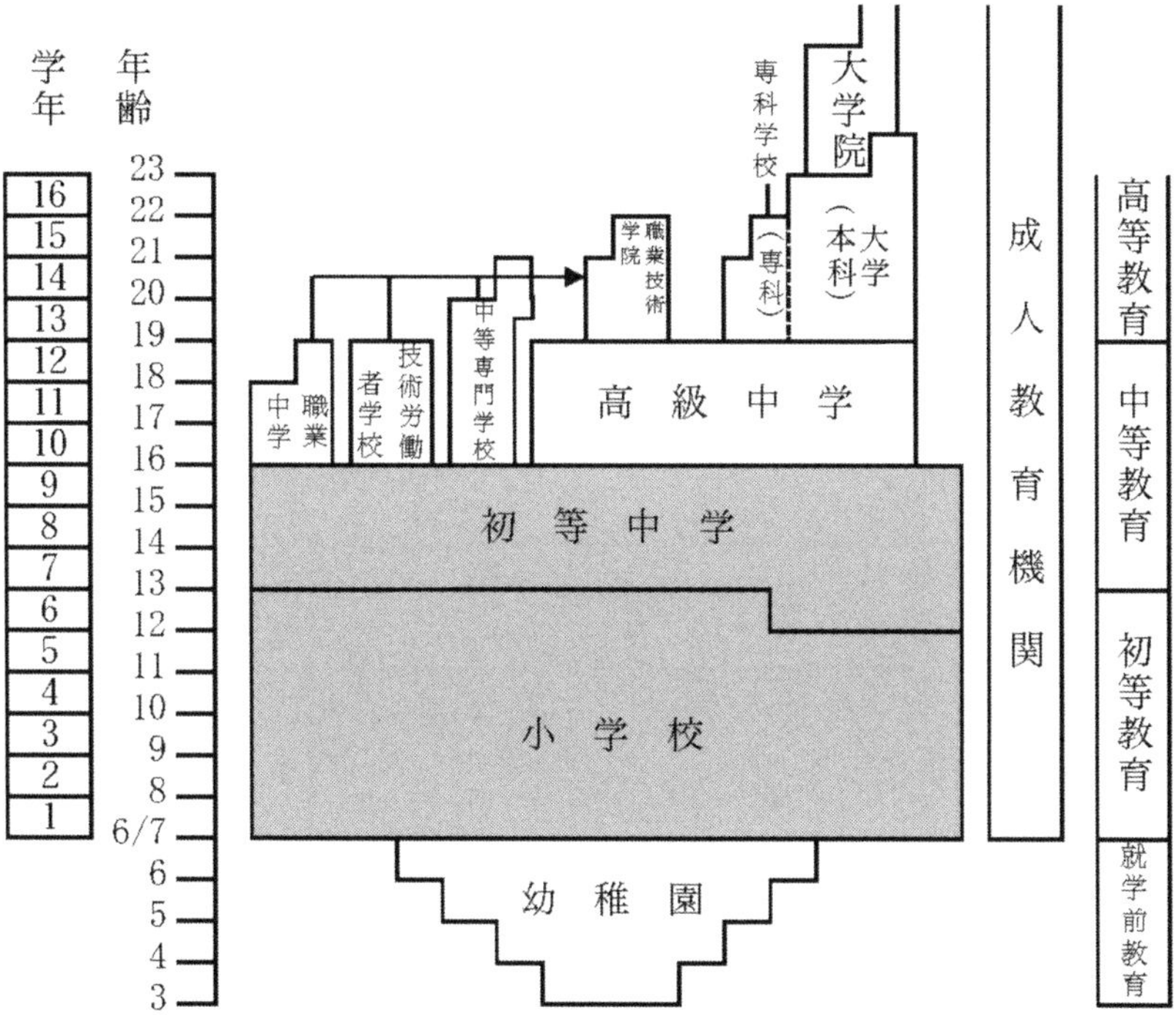

中国

（出典：文部科学省『平成16年教育指標の国際比較』、網掛け部分は義務教育）

学年	年齢										
19	25		大学院							高等教育	
18	24										
17	23										
16	22			教育大学校	産業大学校	放送・通信大学校			各種学校		
15	21	総合大学校					専門大学				
14	20										
13	19								各種学校		
12	18							放送・通信高等学校			中等教育
11	17	高等学校									
10	16										
9	15									特殊教育学校	
8	14	中学校									
7	13										初等教育
6	12										
5	11										
4	10	初等学校									
3	9										
2	8										
1	7										
	6										就学前教育
	5	幼稚園									
	4										
	3										

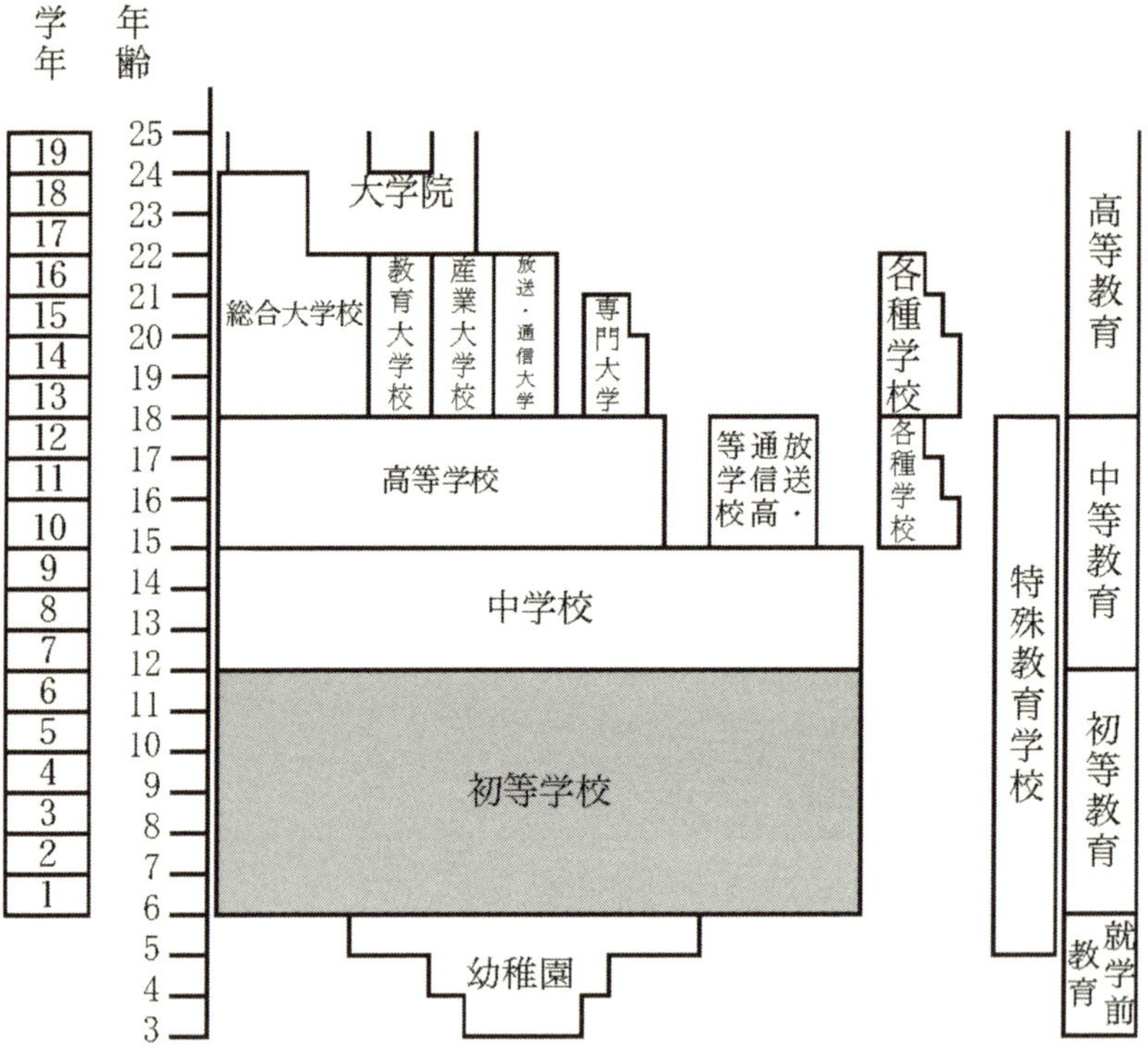

韓　国

（出典：文部科学省『諸外国の初等中等教育』平成14年、網掛け部分は義務教育）

■著者紹介

山邊　光宏（やまべ　みつひろ）〔旧姓片山〕

1941年、山口県に生まれる。
1969年、広島大学大学院修士課程修了。
広島大学教育学部助手を経て、現在、安田女子大学・大学院教授、博士（文学）。
教育哲学・思想専攻。

主要著訳書

『新しい道徳教育の探究』（共著）学習研究社、1979年。『ドイツにおける教育学の発展』（共著）学文社、1984年。『道徳教育の理論と実践』（共著）福村出版、1985年。シュプランガー『教育学的展望――現代の教育問題』（共訳）東信堂、1987年。『道徳教育論』（共著）ミネルヴァ書房、1979年（初版）、1985年（全訂版）、1990年（新版）。『道徳教育原論』（共著）福村出版、1991年。『シュプランガーと現代の教育』（共著）玉川大学出版部、1995年。シュプランガー『人間としての生き方を求めて――人間生活と心の教育』（共訳）東信堂、1996年。『近代教育思想の展開』（共著）福村出版、2000年。『人間形成の基礎理論』東信堂、1994年（初版）、2000年（第2版）、2009年（第3版）。『新世紀・道徳教育の創造』（共著）東信堂、2002年。『シュプランガー教育学の宗教思想的研究』東信堂、2006年。

現住所　広島市安芸区上瀬野南一丁目1985番地（〒739-0303）

Mitsuhiro Yamabe
Das Wesen der Erziehung

教育の本質を求めて［資料改訂版］

2005年4月15日　初　　　版第1刷発行　〔検印省略〕
2009年4月15日　資料改訂版第1刷発行
2014年4月30日　資料改訂版第3刷発行

＊定価はカバーに表示してあります

著者©山邊光宏　発行者　下田勝司　印刷・製本　中央精版印刷

東京都文京区向丘1-20-6　郵便振替 00110-6-37828
〒113-0023　TEL 03-3818-5521(代)　FAX 03-3818-5514

発行所　株式会社　東信堂

E-Mail:tk203444@fsinet.or.jp　http://www.toshindo-pub.com/

Published by TOSHINDO PUBLISHING CO.,LTD.
1-20-6, Mukougaoka, Bunkyo-ku, Tokyo, 113-0023, Japan

ISBN4-88713-612-9　C3037

東信堂

グローバルな学びへ―協同と刷新の教育　田中智志編著　二〇〇〇円

教育の共生体へ―ボディエデュケーショナルの思想圏　田中智志編　三五〇〇円

人格形成概念の誕生―近代アメリカの教育概念史　田中智志　三六〇〇円

ミッション・スクールと戦争―立教学院のディレンマ　老川慶喜・前田一男編　五八〇〇円

教育の平等と正義　K・ハウ著　大桃敏行・中村雅子・後藤武俊訳　三二〇〇円

学校改革抗争の100年―20世紀アメリカ教育史　D・ラヴィッチ著　末藤・宮本・佐藤訳　六四〇〇円

大学の責務　D・ケネディ著　立川明・坂本辰朗・井上比呂子訳　三八〇〇円

フェルディナン・ビュイッソンの教育思想―第三共和政初期教育改革史研究の一環として　尾上雅信　三八〇〇円

洞察＝想像力―知の解放とポストモダンの教育　D・スローン著　市村尚久・早川操監訳　三八〇〇円

文化変容のなかの子ども―経験・他者・関係性　高橋勝　二三〇〇円

教育的思考のトレーニング　相馬伸一　二六〇〇円

進路形成に対する「在り方生き方指導」の功罪―高校進路指導の社会学　望月由起　三六〇〇円

「学校協議会」の教育効果―「開かれた学校づくり」のエスノグラフィー　平田淳　五六〇〇円

学校発カリキュラム―日本版「エッセンシャル・クエスション」の構築　小田勝己編　二五〇〇円

階級・ジェンダー・再生産―現代資本主義社会の存続メカニズム　橋本健二　三二〇〇円

再生産論を読む―バーンステイン、ブルデュー、ボールズ＝ギンティス、ウィリスの再生産論　小内透　三二〇〇円

教育と不平等の社会理論―再生産論をこえて　小内透　三二〇〇円

オフィシャル・ノレッジ批判―保守復権の時代における民主主義教育　M・W・アップル著　野崎・井口・小暮・池田監訳　三八〇〇円

新版 昭和教育史―天皇制と教育の史的展開　久保義三　一八〇〇〇円

地上の迷宮と心の楽園〔コメニウスセレクション〕　J・コメニウス　藤田輝夫訳　三六〇〇円

〒113-0023　東京都文京区向丘1-20-6　TEL 03-3818-5521　FAX03-3818-5514　振替 00110-6-37828
Email tk203444@fsinet.or.jp　URL:http://www.toshindo-pub.com/

※定価：表示価格（本体）＋税